不倫の流儀

オッサンがモテるための48の秘訣

ホイチョイ・プロダクションズ

芸能人・著名人［不倫報道年表］

2016年1月	ベッキー、川谷絵音と不倫報道
2016年2月	宮崎謙介衆議院議員（当時）、「妻の出産入院中」に不倫報道
2016年3月	乙武洋匡、不倫報道
2016年6月	ファンキー加藤、ダブル不倫報道
2016年9月	中村橋之助（八代目芝翫《しかん》）、不倫報道
2017年1月	袴田吉彦、アパホテル不倫報道
2017年3月	渡辺謙、不倫報道
2017年7月	今井絵理子参議院議員、不倫疑惑報道
2017年8月	宮迫博之、不倫疑惑報道
2017年9月	山尾志桜里、ダブル不倫疑惑報道
2018年1月	小室哲哉、看護師と不倫逢瀬報道
2018年2月	小泉今日子、俳優・豊原功補と不倫宣言
2019年3月	後藤真希、アパホテルで不倫報道
2019年5月	原田龍二、「複数ファンとマイカー不倫」報道
2019年11月	千原せいじ、半年間で二度目の不倫報道
2020年1月	東出昌大、女優・唐田えりかと不倫報道
2020年2月	鈴木杏樹、元歌舞伎役者・喜多村緑郎と不倫報道
2020年6月	渡部建、「不倫降板」報道

道徳に加勢するものは
一時の勝利者には違《ちがい》ないが、永久の敗北者だ。
自然に従うものは、一時の敗北者だけれども
永久の勝利者だ……

夏目漱石『行人』

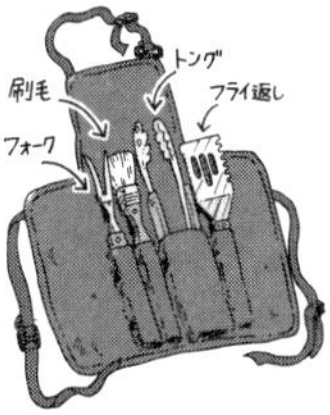

目次　不倫の流儀　オッサンがモテるための48の秘訣

カシャ
○×カード

She's with me.

本書は「ビッグコミック」2016年11号から2017年10号まで連載されたコラム「プロフェッショナル　不倫の流儀」を加筆、再編集したものです。

本書に掲載されているホテル、飲食店、施設の情報は2020年3月のものです。
また、本作に出てくる人物の敬称は略させていただきます。

不倫の流儀

はじめに

最近、不倫がバレて世間から袋叩《だた》きにされる有名人って、後を絶ちませんよね。昔の日本人は不倫に対してもっと寛容で、『源氏物語』なんか天皇の妻がバンバン不倫しちゃう話でしたし、夏目漱石の小説も多くはテーマが不倫で、それを世間は高く評価していたのですが…　おそらく昔の人は、人間の業の深さを知っていて、「自分もいつ過ちを犯すかわからないダメダメ人間だ」という自覚があったから、他人の過ちにも寛容だったのに対し、今の人は『源氏物語』も夏目漱石の小説も読まないので、自分は完全な人間だという誤った自信を持っちゃっていて、他人の過ちに不寛容なのではないでしょうか。

まあ、寛容か不寛容かは別にして、不倫がこれだけ明るみに出ることから見て、今も、日本人が不倫しまくっていることは間違いありません。コンドームの相模ゴム工業が２０１８年に１万４１００人を対象に行った浮気調査によれば、50代男性の24・5％、40代男性の30・1％が浮気をしているのだとか。

ご同輩！　こんなにみんながしてるんだったら、我々も浮気しない手はありませんぞ。いや、必ずしも浮気とは限りません。今や日本男子の４人にひとりは、生涯を独身で通す時代。40、50代で独身というオッサンはたくさんいるはず。そういう人にとっては、浮気ではなく純粋な恋のお誘いです。とにかく、恋愛をしましょうよ。

え、何？　自分はハゲて腹の出たオッサンだから、もう恋愛なんか無理、ですって？　とんでもない！　ちょっとしたコツを身につけさえすれば、50過ぎのハゲでデブのオッサンだって、いくらだって若い女のコと恋ができるんです。

本書は、50過ぎのゆるんだ体型のオッサンが若い女のコと恋をするための様々なコツを伝授する、オッサン向けの恋愛講座です。講座開設に当たっては、のべ120人の女性にインタビューし、女性の本音を聞き出しました。これは、若い女性がオッサンにこっそり教えてくれた福音なのです。

まずは想像してください。**安室奈美恵《あむろなみえ》も今年43歳**。ってことは、あのルーズソックスの女子高生たちが、今や、全員アラフォー。40歳といえば、女性の性欲が一生のうちでピークに達するとされる年齢（グラフ参照）。つまり、かつての**コギャルは今、全員が毎日毎日やりたくてやりたくてウズウズ**しているんです。そう思うと、何だかワクワクしてきません？

女はアラフォーが性欲のピーク!

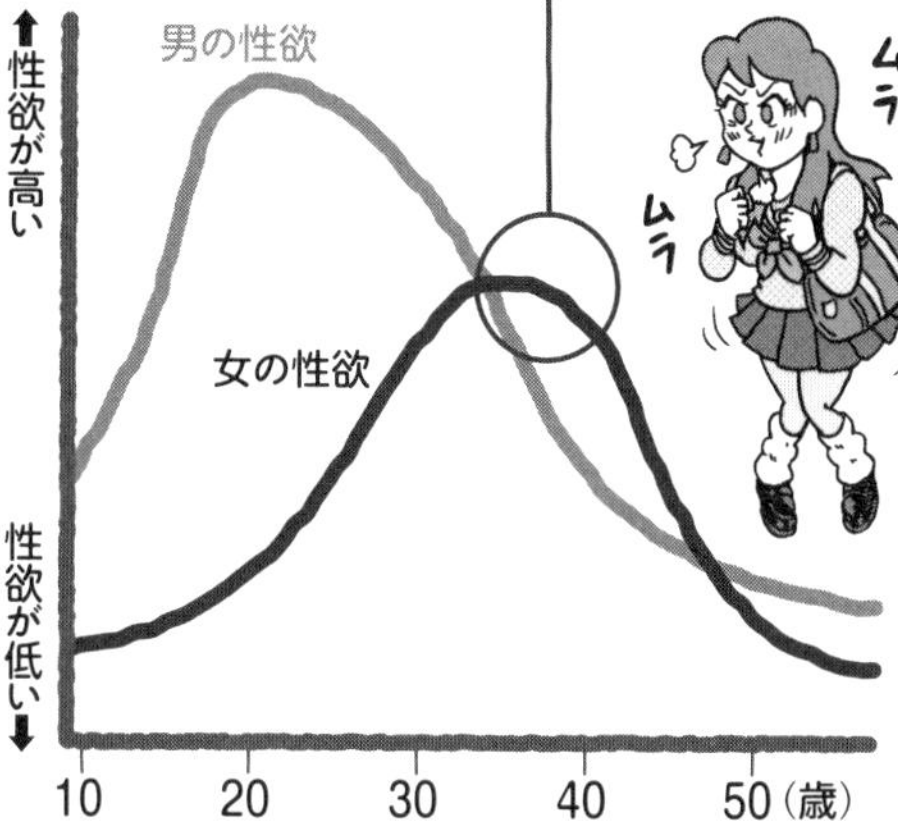
男の性欲
女の性欲
性欲が高い
性欲が低い
ムラ
ムラ
10
20
30
40
50（歳）

年齢による性欲の推移

『話を聞かない男、地図が読めない女』（主婦の友社刊）より

また、就職後3～4年が過ぎて仕事に慣れ、自分もひとり前だと思い始めた26～27歳のOLは、誰でも必ず、同世代の男が子供っぽく見えてしかたなくなるもの。こ

の時期、**ＯＬたちは例外なく一度、自分よりはるかに年上の男性に惹《ひ》かれる**といいます。難攻不落のデススターが、このときだけ、超物質反応炉へ通じる換気ダクトの扉を開くのです。しかも都合がいいことに、彼女たちと同年代の男性は、女に関心がない「草食」世代。26～27歳のＯＬの換気ダクトはしばらくオッサンに向けて開きっぱなしです。我々が彼女たちのハートに恋のプロトン魚雷を叩《たた》き込む絶好のチャンスなのです。要するに、20代半ばからアラフォーまでの日本女性は、我々50代のオッサンにとって、今、入れ食い状態なのです。

ただし、我々が、自分より10歳も20歳も若い女性を口説くには、ひとつ、深刻な問題があります。加齢臭《かれいしゅう》？　薄毛？　肥満？　いやいや、そんなことはたいした問題じゃありません。**一番の問題は男のプライド**です。プライドの高い男は、若い女に無視されたり、拒否られたりするのに耐えられず、気安くナンパしたり

エッチを求めたりすることができません。男のプライドが、若い女との接触の機会を損失させているのです。

ここにひとり、我々が手本とすべき人物がいます。それはかつて50歳近く年下のノルウェー人ハーフのモデルとエッチした後、寝室に置いていた6千万円相当の財産を持ち逃げされ、それに懲りずに55歳年下の女性と結婚し、77歳で謎の死を遂げた「紀州のドンファン」こと故・野崎幸助氏です。彼は、かつて週刊文春の取材に応え、女を調達するときは、都内の一流企業や有名大学の前で、女性たちにこう声をかけてガールハントしていたと語っています。

「ヘイ、ハロー、ハッピー・エレガント、ハッピー・ナイスバディ！私とエッチしませんか。夜を楽しみませんか」

どうです？　こんなバカっぽい台詞《セリフ》、プライドの高いあなたは口が裂けてもいえないでしょう。でも、野崎氏がそう声をかけると、若い女がガンガンついて来たというのです。あなたも騙《だま》されたと思って「ヘイ、ハロー、ハッピー・エレガント」と10回、口に出して唱えてみてください。不思議と自信が湧いてきますから。

プライドの高いオッサンとゼロのオッサンの、若い女の攻め方の違い

プライドの高い男は女の手を握ろうとして断られると、
ソッ…
キュ
やめてよ。
心が折れて二度と攻められない。でもそんなとき、女は往々にしてこう思っている。
オラオラ、一度であきらめんなよ〜
一方、プライド・ゼロのオッサンは、何度でもなりふり構わず懇願する。
やらせて！
手を握らせて！
ダメなら1度だけ膝枕《ひざまくら》！
プライドがないと、とりあえずここまでは来れます。

また、私の知人の人気作家Kは、**ドン・キホーテで大人買いした大量のピンクローター**をキャバクラに持ち込み、キャバ嬢に「ピンクローターを作ってる友だちの会社が倒産して、まっさらなピンクローターが余ってるんだ。よかったら使って」と言ってプレゼントし、ハナから性のモラルを下げて、エッチに持ち込んでいました。これだって、プライドのある男なら絶対にできない真似《まね》でしょう。

ここに大人の恋愛の真実があり

ます。お洒落《しゃれ》で髪の毛がフサフサなプライドの高いオッサンより、ダサくてハゲでデブでもプライドが低いオッサンの方がモテる、という真実が。プライドなんて、大人の恋には邪魔なだけです。

まずはプライドをお捨てなさい。これが50を過ぎてモテモテになる第一のコツです。

話は突然科学的になりますが、人間の脳内にはA10と呼ばれる神経の束が張りめぐらされており、その神経線維束《しんけいせんいそく》の中を、小さな風船に閉じ込められたドーパミンという神経伝達物質が流れています。この風船は、外からの刺激によって数が増え、はじけて中のドーパミンが放出され、その作用で神経線維束が通っている場所の細胞が活性化されます。これが、人間が感じる「快感」の正体です。

人は誰かを好きになると、A10神経系からドーパミンがドバドバ放出され、快感が自律神経を通じて全身に伝わり、頬《ほお》が赤くなったり、目が潤《うる》んだり、心臓の鼓動が速

ドーパミンが1回出ちゃった女には現実がねじ曲がって見えるもの

まったりといった、恋愛特有の症状を引き起こします。特に**女性の恋愛ドーパミンの威力には想像を絶するものがあり**、ひとたびこれが脳内に出てしまうと、たとえ相手が妻帯者の冴えないハゲオヤジであろうと、とんでもない嘘つき野郎であろうと、現実を頭の中で自分の都合のいいようにねじ曲げ、何でもOKにしてしまいます。

従って、我々オッサンにとって重要なのは、まず、女の脳の中にドーパミンを出させるこ

これらの「モテの殿堂」入りした芸能人を、あなたはもしかして「チャラい奴」とバカにしたりしていませんか？
チャラいとは変なプライドがないこと。モテは、彼らを尊敬するところから始まります。
渡部篤郎

と。会ったばかりの女に、最初から**「実は結婚してるんだ」と告白するなんて、愚の骨頂。**

そんなことをしたら出るはずのドーパミンも出ません。独身だと言い張りつづけ、一度ドーパミンが出てしまった後で告白すれば、彼女は事実をねじ曲げ、「この人、私のためにウソをついてたんだ。そんなに私が好きなんだ」と、受け入れてくれます。

あの**ベッキーだってドーパミンが1回出ちゃった**おかげで、妻帯者の実家に行っちゃったわけですから。

これが第二のコツです。

まずは、50歳を過ぎてから不倫するためのふたつのコツをお教えしました。では、肝心のドーパミンは、どうしたら出させられるのか？　それが次から始まる第1章のテーマです。

登場人物紹介

クマダ

ダサくてハゲでデブでも
プライドの低いオッサン。

ザイゼン

お洒落《しゃれ》で髪の毛がフサフサな
プライドの高いオッサン。

第1章

チヤホヤしてモテる

冒頭では**「女は一度脳にドーパミンが分泌されると、たとえ相手がハゲデブのオッサンでも、現実を自分の都合のいいようにねじ曲げ、受け入れてしまう」**というお話をしました。では、肝心のドーパミンは、どうしたら分泌するのか？　それが、今回のテーマです。

それは言葉にすれば簡単なこと。**とにかく彼女を喜ばせればいい。**が、間違えないでください。「女を喜ばせる」というのは、知識・教養を披露することではありません。プライドの高い中高年のインテリは、えてして、若い女は年上のおじさまの教養の深さに惹《ひ》かれると勘違いして、べらべらとウンチクを語りがちです。でも、人類史上、ウンチクに抱かれた女はひとりもいません。

若い女が中高年のオッサンに惹かれる理由があるとしたら、それはただひとつ、オッサンは大人の余裕で女のわがままを受け入れ、チヤホヤしてくれるからです。そ

人は脳内にドーパミンが分泌されると……

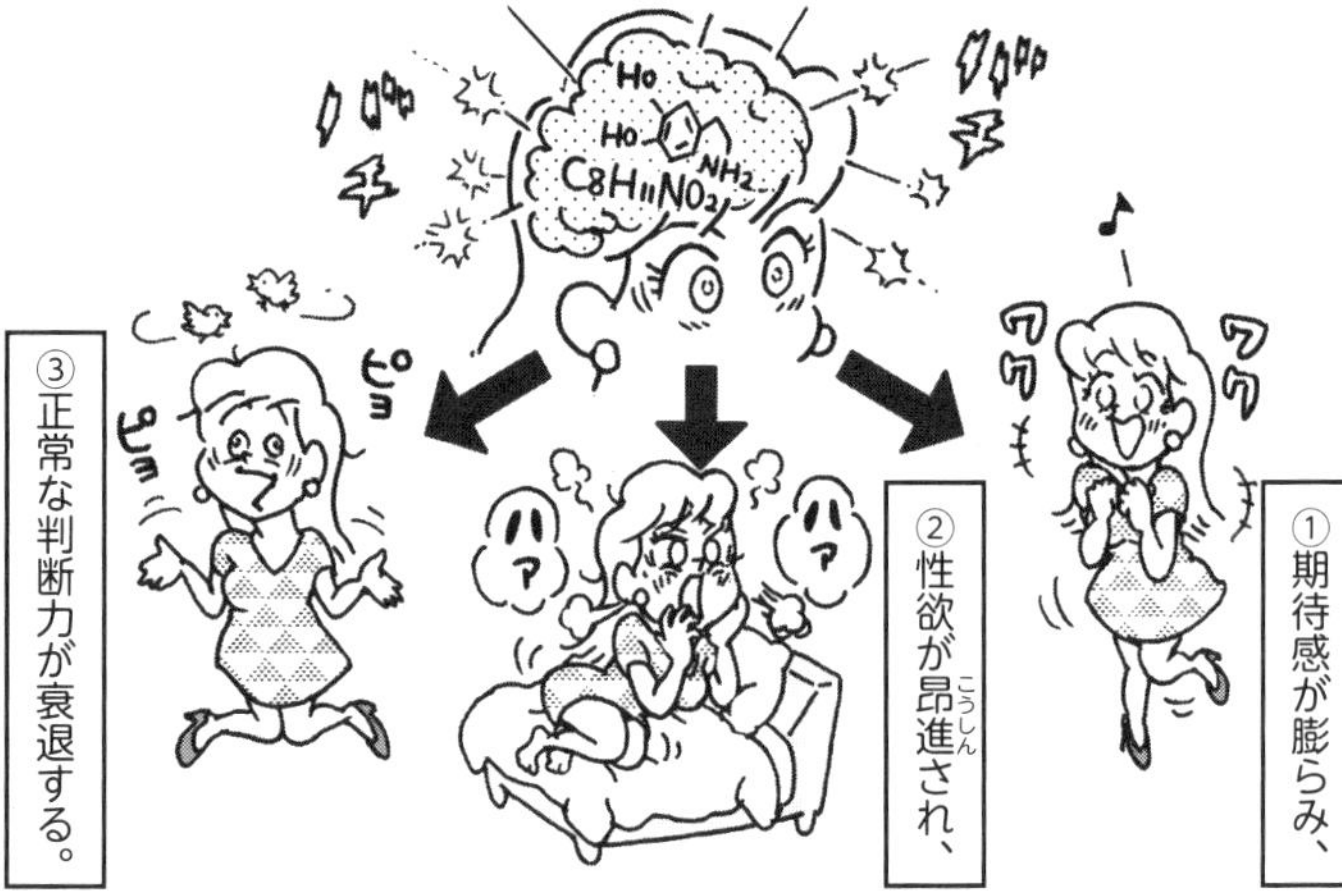

①期待感が膨らみ、

②性欲が昂進《こうしん》され、

③正常な判断力が衰退する。

う、「女を喜ばす」とは、女をチヤホヤすることなのです。

チヤホヤの第一歩は、とにかく褒めること。**女性は、褒められるのも、他人を褒めるのも大好き。**街で出会った女同士が、「かわいい靴ね」「そのネイル、素敵！」とお互いを褒め合っている光景はよく目にしますが、男同士が出会ったとたん「キミのスーツ、素敵だね」「その髪、どこで刈ってもらったの？」などと褒め合っている光景は、まず見ませんよね。それは、人類は原始時代から、男が狩りに出てひと

原始時代、男はひとりで狩りに出ていたため、他人と接触する時間が少なく、コミュニケーション能力が発達しなかった。

女は洞窟《どうくつ》で仲間と一緒に過ごしながら子育てしていたため、他人とコミュニケーションをとる能力が発達した。

りで草原を駆け回り、女は洞窟《どうくつ》の中で仲間と一緒に子どもを育ててきたため、女性は男性に比べ、他人とコミュニケーションをとる能力が発達しているから。女性が男性より語学能力が優れていたり、女の赤ちゃんが男の赤ちゃんより早くしゃべり始めたりするのも、そのためと考えられます。

ひとりで草原にいて他人とのコミュニケーション能力を伸ばし切れなかった我々男性には、「相手を褒める」という発想がありません。が、ヒトは、褒められると必ずドーパミンを分泌するもの。ですから女性にモテようと思ったら、苦手でも何でも、とにかく彼女の服でも髪型でも何でもいいから、褒め倒してください。

次に重要なのが、話を聞くこと。

それも、ただ聞けばいい、ってものじゃありません。

私の知人のあるテレビ局の重役は、こんな技を得意にしています。若い女と町を一緒に歩いているとき、女が靴屋さんの前で赤い靴に目を留め「ステキ」と言っても、彼は少しも耳を貸さず、「早く行こう」と手を引っ張って、その場を去ります。そして1週間後、ピッタリのサイズのその靴を彼女にプレゼントするのです。

この場合、靴の値段は問題ではありません。若い女性は高価なプレゼントはもらい慣れておらず、かえって引いてしまいます。むしろ安い方がいい。**彼女にとって重要なのは「彼は自分が言ったことを聞いていてくれた」「1週間、私のことを考えていてくれた」という事実**です。その事実が彼女の脳内にドーパミンを分泌させるのです。プレゼントは「君の話をちゃんと聞いていたよ」の証《あかし》です。

デート中、女が口にする言葉は一言一句聞き漏らしてはなりません。もしかしたら、彼女はオモチャ屋さんの店先のどうでもいいぬいぐるみを見て「かわい～」と言うかもしれない。たとえその台詞《セリフ》が「こんなのをかわい～って言っておけば男は喜ぶんでしょ」的に口にされたものだったとしても、後日、そのぬいぐ

女の脳にドーパミンを分泌させるには……

①とにかく彼女を褒《ほ》める。

ネイル、自分でやったの？すご～い！
髪型似合ってるよ。
君史上一番のかわいさだ。

②女が口にするどんな言葉も
聞き漏らさない。

私、土鍋で炊いたご飯が好き！
土鍋ご飯が好きと。

③常に彼女に尽くす執事《バトラー》でいる。

女が好きなのは
こっちよりも…
こっち。

るみをプレゼントされた女は、必ず心をワシ掴《づか》みにされます。「自分が言ったことをちゃんと聞いていてくれた感」は、それほど強力なのです。

また、ある女性編集者は、オッサンと食事した際、「土鍋で炊いたご飯が好き」と言ったら、次に会ったとき、「土鍋ご飯にはこれが一番合うよ」と言って、下関からお取り寄せしたフグの塩辛を1瓶プレゼントされ、クラッと来て思わず1回やっちゃったといいます。**ここでポイントが高いのが「お取り寄せ」**です。「お取り寄せ」は、プレゼントとして変に力が入っておらず、大人の知恵や余裕すら感じられ、女もすんなり受け取れます。

彼女の話を一言も漏らさず聞きとり、「これ欲しい」と言ったものをお取り寄せ。これが最も効果的な方法です。

仕上げは、執事《バトラー》のごとく仕えること。

恋愛経験をある程度積んだ女は、「顔のいい男は、顔のよさに甘えて、女に尽くすことができない」という現実に気づいています。彼女たちは、顔がいいだけで気の利かない男にイライラするくらいなら、多少ブサイクでも、何でも先回りして予想以上のことをやってくれる優しいオッサンとつき合った方がずっとマシと思っています。ここに、我々プライドを捨てたオッサンがつけ込む余地があるのです。若い女には執事《バトラー》の心構えで接してください。

女性が席を立ったら自分もサッと席を立つ、これだけでも礼儀正しい執事感《バトラー》を出すことができます。お手本は『マイ・インターン』という映画のロバート・デ・ニーロ。当時70歳のロバート・デ・ニーロが32歳のアン・ハサウェイに執事のように尽くすこの映画を若い女性は大好きです。まずこの映画を観て勉強してください。

①とにかく褒める。②彼女の話を一言残らず聞き、欲しいと口にしたものをプレゼントする。③執事《バトラー》のごとく仕える——これがチヤホヤの3原則。

今どきの若い男は、若いのにプライドだけは妙に高く、女をチヤホヤしようという意欲がまったくありません。若い女は、同世代の男に対し、「あんたたち、種を絶やしたいの!?」と常に憤っています。オッサンがこのチヤホヤ3原則さえ守れば、若い男なんか敵じゃありません。

次回は、さらに決定的に女にドーパミンを放出させる究極テクをお教えしましょう。

オッサンがモテるための
48の秘訣

①
服でも髪型でも何でもいいから
とにかく相手を褒める。

②
彼女の話は一言も漏らさず聞きとり、
しかも覚えておく。

③
彼女の執事《バトラー》になる。

第2章

ほんの少し触れてモテる

ここまで、冴えないオッサンが若い女と寝るには、①女の脳にドーパミンを分泌させなければならない、②ドーパミンを分泌させるには、褒めまくる、話を一言漏らさず聞く、執事《バトラー》のごとく尽くす、の3つが重要——ということをお話ししました。第2章は、さらに核心に迫ります。

恋愛経験に乏しく、しかも容姿に自信のないオッサンは、往々にして、**女性にモテるためには紳士的でなければならないと勘違い**しており、最初のデートから彼女の手を握ったり、腕を組んだりするのはもってのほか、そんなことをしたら即座に拒否られ二度と会ってもらえない、と思い込んでいます。はたして本当にそうでしょうか?

いい女は必ずしも礼儀正しい紳士に惹《ひ》かれるとは限りません。むしろその逆。女子アナがしばしば粗野な野球選手にコロッと落とされていることからもわかる通り、女

オキシトシンは誰かを抱きしめたいと思わせるホルモン（触られると、さらに分泌します）。

エストロゲンは女性らしい皮膚を作るホルモン（分泌量の多い女ほど肌を出したがります）。

は男のワイルドな振る舞いに弱いもの。そして女を落とす上で、とりわけ有効な振る舞いが、皮膚と皮膚の直接の触れ合いです。そこのところを誤解して、ヘンに紳士的に振る舞おうとするから、あなたはいつまでたっても女をモノにできないのです。

皮膚は、総重量が約3キログラム、総面積が約1・6平方メートルもある、人類最大の臓器。皮膚には、触覚や圧力を感知する受容体が50万個もまんべんなく散らばっており、**女性の皮膚の受容体は、エストロゲンと呼ばれ**

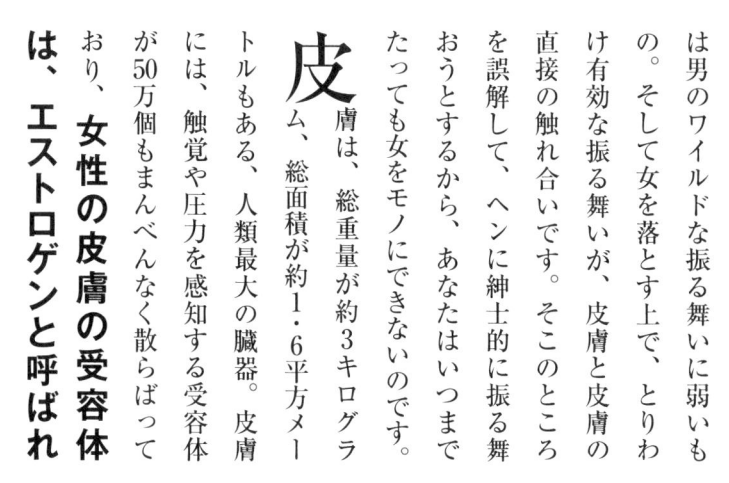

る女性ホルモンの働きで、男性よりも触覚が10倍敏感といわれています。

エストロゲンは、本来、胎児を育《はぐく》むためのホルモンですが、皮膚の老化を抑えたり、表皮細胞の増殖を促して傷の治りを早めたりする働きもあり、月経直後の女性の皮膚がハリがあって化粧のりがいいのは、このホルモンのおかげ。さらにいえば、このホルモンの量が多い女性ほど、露出度の高い服を好むこともわかっています。よせばいいのに毎日ムチムチのミニスカートで出勤して来るマスコミ業界のアラフォー女のセックスがやたら激しいのは、このためと考えられます。

褒める、話を聞く、尽くす、を繰り返された女性の脳の中には、多寡は別にして、確実にドーパミンが分泌されます。ドーパミンを伝達する神経は、オキシトシンという女性ホルモンを伝達する神経をとり囲んでおり、ドーパミンが放出され

直接、彼女に触れなくても、カラオケで彼女が頼んだカシスオレンジが来たら、こう言って、

それ、おいしそう。一口もらっていい？

相手のグラスを口に運んで一口飲んでも、女性は間接的に触れた気になり、オキシトシンをさらに分泌します。

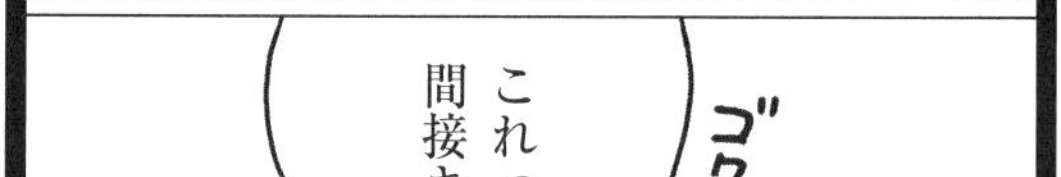
ゴクー！
これって間接キス？
女が飲んだところ

ただし、ドン引きしている相手にこれをやると、告訴されるので十分ご注意ください。

ると、その刺激でオキシトシンが分泌されます。オキシトシンは**別名「抱きしめホルモン」**。皮膚の受容体を活発にし、「触りたい、触れられたい」という欲求を起こす働きがあります。

オキシトシンは、男性も分泌しますが、女性の方が分泌量が圧倒的に多く、それは、女性が子育ての際、子どもを手放さず抱きしめつづけるように進化したため、と考えられています。

このホルモンを分泌した女性は、**「ちょっとでいいから触りたい、触れられたい」**という気分になります。その気分は男が想像する以上に早く強く訪れるもので、女は往々にして、楽しく食事をした後なら、たいして好きじゃない男とでも腕を組むくらいしたい、と思っています。男がそれに気づかず、まったく触れ合いがないまま別れてしまうと、せっかく一度はドーパミンを出した女も、「今日のデートは、いったい何だったの？」と思い、瞬時に萎《な》えてしまいます。ここが、彼氏になれるか、ただのお友だちで終わるか、の分岐点なのです。

従って、最初のデートでは、一度、肌と肌を直接触れ合っておくことが重要。それ東京のタクシー運転手の話では、午前1時過ぎに恵比寿で乗せる男女の2割は、「女は触られたがってるのに男がそれに気づいていないので、イライラさせるカップル」だそうです。

肌と肌の接触がないまま帰るタクシーの車内では、女の触れられたいポイントは、マックスまで貯まっている。

は、レストランで一緒にメニューを見るとき、あるいはカラオケで並んでリモコンを覗《のぞ》き込むとき、手の甲同士がほんの少し触れる、という程度で構いません（逆にそれ以上はセクハラになるので絶対に避けてください）。女性の皮膚の感度は男性の10倍ですから、これで十分。これで彼女が嫌な顔をしなければ、ＯＫ。逆に、少しでも嫌な顔をしたら、すぐに撤退。その一瞬の触れ合いの反応を見極めることが、最初のデートで最も重要な仕事。見極めに失敗すると、**セクハラで**訴えられて人生まるまる棒に振ってしまいかねません。呑気《のんき》にカラオケで『ガンダム』

なんか歌ってる場合じゃないんですよ！

仮に反応がＯＫだったとしても、ベタベタ触るのは絶対禁物。世の中には、**女は頭さえ撫《な》でておけば喜ぶと勘違いしているオッサン**がたくさんいますが、それもＮＧ（頭を撫でられるというのは、本当に好きな人にされたら嬉しいことであって、会ったばかりのオッサンがやっても逆効果です）。ちょっと手と手を接触させて彼女にドキドキを与えたら、その日はそのまま彼女を帰す。それは、野球にたとえるなら、送りバント。送りバントでランナーを二塁に進めておけば、次のデートでワンヒットで確実に得点を上げることができます。

また、仮に、彼女がサッと手を引いたとしても、だからといって、彼女が100％あなたがＮＧというわけでもないのが、大人の恋の難しいところ。過去にテキサス大学が610人の女子大生を対象に行った調査では、「男性が求めてきた

とき、本当はYESでもNOと言ったことが一度以上ある」と答えた女子が40％いたといいます。女性は、ただ「軽い女と思われたくないから」とか「じらすことでもっと気を引きたいから」とかいった理由で、YESでもNOと言う生き物です。プライドの高い男は、一度女に拒絶されると心がポキッと折れてしまい、それ以上は前へは進めないものですが、そんなときでも40％の女は、**「おいおい、1回であきらめるのかよ、もう1回来んかい！」**と思っているのです。

従って、一度拒否られた相手でも、プライドを捨てて二度目のデートに誘ってみることが、極めて重要。もしも二度目のデートをOKしてくれたら、彼女は確実に本当はYESの40％の方なので、希望はグッと広がります。が、60％の方だったら、「これ以上電話してきたら訴えるわよ！」と怒鳴られますので、そのときはすぐにあきらめて、ほかをあたってください。

オッサンがモテるための48の秘訣

④ 女性は必ずしも紳士的な男を求めているわけではない。

⑤ 手の甲が触れる程度の肌と肌の触れ合いを持ち、反応を見極める。

⑥ 一度デートを断られた相手でもプライドを捨てて二度目のデートに誘ってみる。

第3章

「ついばみチュウ」でモテる

今回は、2回目のデートのお話。女は、**ふたりきりで3回食事に行って何もなかった男は「安全な男」とみなします。**その「安全な男」に4回目の食事の後でチュウを迫られたときに女が受けるショックは、ハンパではありません。そんなとき彼女が思うのは、「この人は魔がさしただけなんだわ」ということ（ホントは、男は最初から魔がさしっぱなしなのに！）。そして彼女は「私たち、そんな関係じゃないはずよ！」と勝手なことを口走り（ホントは、そんな関係になりたいのに度胸がなかっただけなのに）、さっさと帰ってしまいます。そんな事態に陥らないためには、2回目のデートまででチュウを済ませておくことが肝要。そう、2回目のデートのテーマはズバリ、チュウです。

我々がおつき合いしたいと願う20代後半のいい女は、いい女であればあるほど、「チュウなんか減るもんじゃなし」と思っており、チュウくらい酔った勢いで平

チュウは口内バクテリアの交換

女は、軽いチュウでも男のバクテリアを感じ、相性を判断することができるので、ディープキスは求めていません。

男は、ベロチュウをするとテストステロンという攻撃的な男性ホルモンが分泌し、性欲がどんどん高まります。

気でできてしまいます。が、それほど軽く考えてるわりには、チュウした相手について一晩中、「あの人は私を大切にしてくれるだろうか？」「あの人は本当はチャラいんじゃないだろうか？」と考えてしまう、ややこしい生き物でもあります。

彼女たちはデートの翌日、必ず女友だちと、**今回の相手がチャラいかどうかを決める「チャラいか裁判」**を開きます。世の女子会の議題の8割は「チャラいか裁判」だといっても過言ではありません。

ここで有罪を宣告されたらすべては

パー。次のデートはありえません。酔った勢いでのチュウは相手を大切にしていないので、この裁判で有罪になる可能性が極めて大です。チュウは常に心をこめてマジメにしてください。

ところで、**チュウとは、いってしまえば唾液《だえき》の交換。** オランダの応用科学研究機構ＴＮＯの研究によれば、10秒間のチュウで男女間で交換されるバクテリアの数はおよそ8千万。バクテリアを交換することで、お互いの体内に抗体が生まれ、免疫力が高まることがわかっています。男は、相手により多くのバクテリアを送れるよう、ディープキスを好む攻撃的な方向に進化し、女は、相手が自分と子供に高い免疫を与えてくれる個体かどうかを本能的に判断できるよう、味覚・嗅覚等の感覚が男より進化したと考えられます。つまり、チュウとは **「ボクを選んで選んで！」「あわてないでよ、今あんたのバクテリアを調べてる**

とこなんだから!」という行為で、人類はそうやってメスがオスを選別することで生存を図ってきたわけです。

そうした本能の名残《なごり》か、男は最初からベロチュウを求めがちですが、女は初めから深いチュウなど望んでいません。前回お話しした通り、女はデートの最中、オキシトシンという女性ホルモンの働きで、男に触れて欲しいと願っていますが、だからといって、性欲に任せて身体をベタベタ触ったり、腰に手を回したりするのは絶対禁物。がっついた男は、確実に女から引かれます。女にとって、オッサンの魅力は、がっつかないこと。従って最初のチュウは、彼女の身体をムリに抱き寄せたりせず、唇だけ近づけ、**小鳥がくちばし同士をついばむように、軽く「ついばみチュウ」**。これに限ります。

唇だけ顔に近づけようとすると、往々にして彼女が驚いて顔をそむけ、唇をはずしちゃったりしますが、その場合もアタフタせず「あ、はずしちゃった」と明るく言って、もう1回ゆっくりチュウすればOK。大人の余裕でかえって好感を持たれます。

それから、これも大事なことですが、チュウした後は、必ず照れること。女は男のどんな女も、それまで普通にしゃべっていた男がチュウの雰囲気を醸し始めると、ドン引きしてしまいます。チュウは、女が「そんなスタンスじゃなかったのに、不意打ちされちゃった」と思うくらいで、ちょうどいいのです。

①「ついばみチュウ」をしようとして、男が唇だけ女の方に突き出したとき…
②女が顔をそむけると、往々にして頬《ほお》にチュウしちゃうことになりますが、そんなときは…
チュッ
サッ
③あたふたせずにこう言って…
あ、はずしちゃった。
④こうすればOK！
チュ〜〜〜ッ

照れた顔を見るとキュンキュン来るといいますから。そしてチュウしたらそれ以上は求めず、その夜はそれで別れてください。キスとエッチをセットにしてはいけません。事を急ぐと、すぐに「チャラいか裁判」で有罪にされてしまいます。

キスは夜景の美しい場所で、というのが、デート界の定説！ 確かに夜景には暗示効果や催眠効果があり、女がチュウしたくなるのは事実です。が、その反面、女はいかにも的な夜景スポットに連れて行かれると、男の下心が透けて見え、萎《な》えてしまう、というのもまた事実（女って、ホントややこしいっスね）。チュウするなら、女に「来るぞ来るぞ」と思わせず、角を曲がったらいきなり夜景みたいな場所がベストです。

たとえば、東京・蔵前《くらまえ》に、玩具会社の元倉庫をリノベした「Nu《ヌ》i《イ》.」という外国人が多いのゲストハウスがあります。このゲストハウスは、1階がバーになってい

「蔵前の『Nui.』からの厩橋でチュウ」作戦図

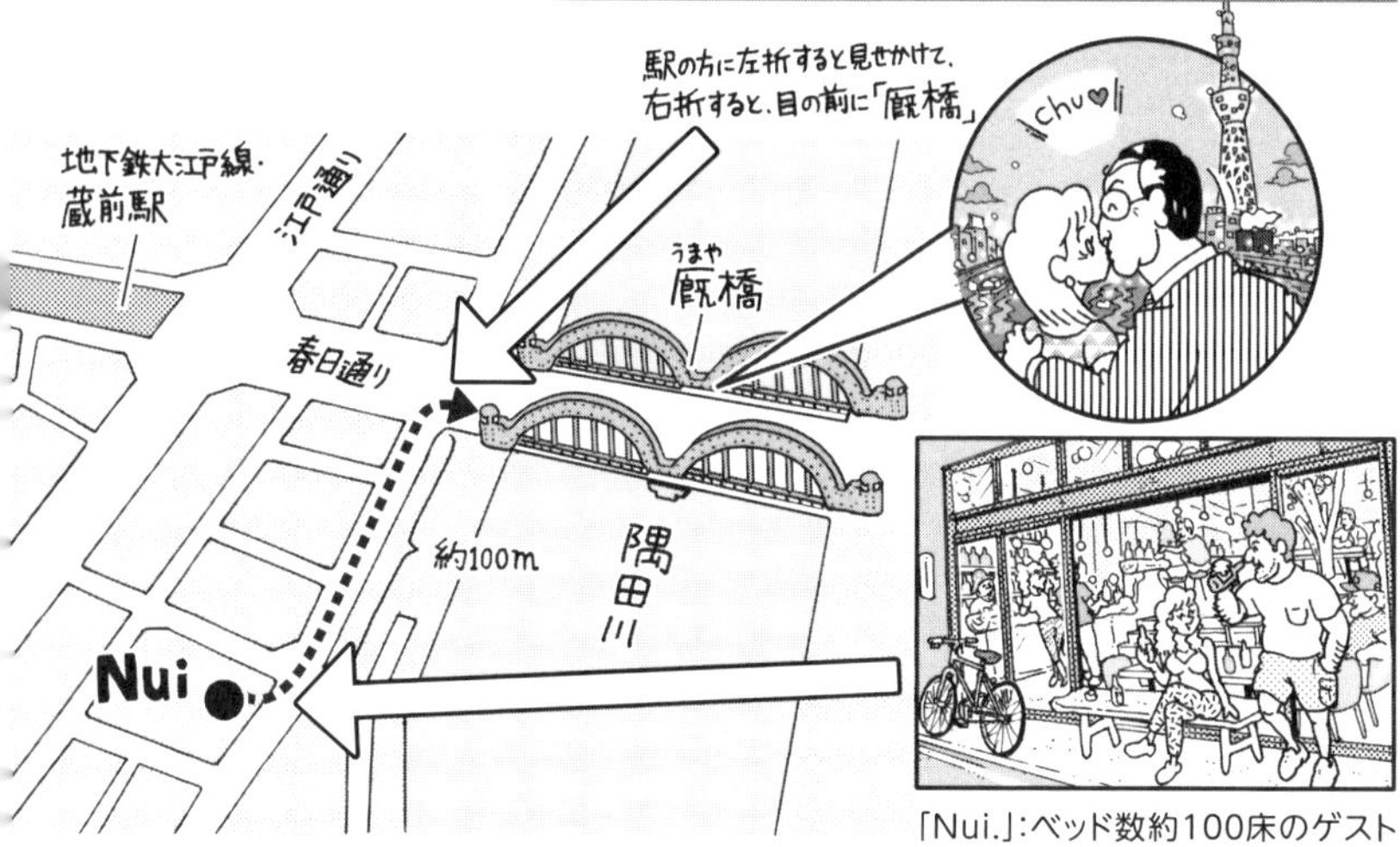

駅の方に左折すると見せかけて、
右折すると、目の前に「厩橋」
地下鉄大江戸線・
蔵前駅
江戸通り
厩《うまや》橋
春日通り
約100m
隅田川
Nui
chu♥

「Nui.」：ベッド数約100床のゲストハウス。客の多くは外国人。1階のカフェ&バーの営業時間は朝8:00～翌1:00。TEL.03-6240-9854

て、そのバーは夜になると外国人で溢《あふ》れ、まるでニューヨークのようないい雰囲気になります。この店に彼女を連れて行けば、彼女は「下町にこんな場所があったの！」と驚くこと必至。そのニューヨーク気分の余韻も引かぬまま、蔵前駅から地下鉄で帰るふりをして、駅とは逆の右に曲がると（イラスト参照）、目の前に、隅田川に架かるライトアップされた築91年のアーチ橋・厩橋《うまやばし》が出現します。

ニューヨークにキモチを振っておいてのいきなりの橋の夜景、です。この、光ゆらめく隅田川に浮かぶ橋の上で、不意打ちで「ついばみチュウ」をすれば、百発百チュウです。

そんな都合のいい場所なんかないよ、とおっしゃるのなら、エレベーターやタクシーの中だって構いません。**「エレチュウされちゃった」**は女子会の鉄板のネタなので女子は案外ＯＫですし、タクシーは運転手の存在が盛り上げ装置となってテンションが上がるため、これまたＯＫ。ただし、拒否られたらすぐに引くこと。そこで迫ると、チャラいか裁判ではなく本物の裁判にかけられてしまいますから。

そうならないためには、チュウの前の移動の途中、軽く手を繋《つな》いでみることをお勧めします。手を繋ごうとしてさりげなくかわされたりしなければ、チュウはまずＯＫ。軽い手繋ぎは、チュウのリトマス試験紙です。

とにかく、ご同輩の二度目のデートでのチュウの成功をお祈りいたします。

オッサンがモテるための
48の秘訣

⑦ 最初のチュウは小鳥がくちばし同士をついばむような軽い「ついばみチュウ」にする。ディープキスは絶対禁物。

⑧ チュウとエッチはセットにしない。

⑨ チュウした後は照れた顔を相手に見せる。

第4章

服でモテる

前章までで、オッサンが二度のデートで若い女の心をワシ掴《づか》みにする方法をお伝えしました。が、それ以前に、オッサンが若い女とデートの約束をとりつけるには、日頃から彼女に好印象を持たれていなければなりません。今回は若い女性のべ120人にインタビューして得た、オッサンが若い女に好印象を持ってもらえるとっておきの方法をお話ししましょう。

多くの男性が誤解していることですが、**女はハゲは決して嫌ではありません。** 男性ホルモンを感じさせてステキ、というコが大勢います。それが証拠に、渡辺謙《わたなべけん》も高橋克実《たかはしかつみ》もモテモテではありませんか。ハゲは隠そうとせず、髪を思いきり短く切ってしまうのが一番。女は、坊主頭を撫《な》でたときのジョリジョリ感が大好き。加えてヒゲまで生やせば、男は「ヒゲ坊主」という別ジャンルのモテ男に止《し》揚《よう》されます。逆に、どんなにフサフサでも中年のロン毛は論外。あれを好きな女はひとりもいません。歳をとったら短髪。これがまず基本です。

スーツは濃紺がベスト。
濃紺は色彩心理学的に信頼感と知性を感じさせ、オッサンには最適の色です。
サイズはやや小さめを選ぶこと。ダブッとしたスーツは女は好みません。

女が**本当に嫌いなのは、ハゲではなくデブ**です。若い女にモテようと思ったら、本気でダイエットするか、服で腹を隠すしかありません。え、何？　そんな都合のいい服があるのか、ですって？　ありますとも！　それは会社員が毎日着ているスーツです。スーツこそ紳士服の進化の究極形。オッサンの突き出た腹をあれほど上手く隠してくれる服はほかにありません。もしもあなたが平均体重以上のデブなら、常にスーツで通してください。

スーツに次いで重要なのが、腕時計とネクタイです。女性の多くは、男が腕時計を見たり、ネクタイを緩めたりする仕草が大手首から肘《ひじ》にかけての前腕部は、男の最大のセクシー・ポイント。
これらの動作に女子がキュンとなるのは、
前腕部が強調されるからです。

③腕時計を見る。　②腕まくりをする。　①ネクタイを緩める。（または、締める）

好き——これらの動作の共通点は、女の視界に男の前腕部《ぜんわんぶ》が入ること。**手首から肘《ひじ》にかけての前腕部は、男の最大のセクシー・ポイント。**女が「壁ドン」にクラッとなるのは、顔が近づくからではなく、男の前腕部が目の横にやってくるからです。従って、前腕部をちょいちょい効果的にアピールできる腕時計とネクタイは最強の武器。身につけない手はありません。

靴も重要です。靴は女性の服飾において最も重要な位置を占めるので、女は自然と男の靴にも目がいってしまうもの。紳士靴は、細身のスーツの流行に合わせ、先の尖《とが》った細身のものが主流で、店の棚の半分は、先の尖っ

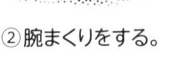

④車でバックをするとき助手席に腕を回す。

⑤壁ドン。

た靴が占めていますが、実は女はあの型の靴が大嫌いです（ホストみたいだから、でしょうか）。先の尖った靴を履いていると、デート後に開かれるチャラいか裁判で「チャラい」というレッテルを貼られてしまいます。靴は先の丸いものを履いてください。

もうひとつ、忘れてはならないのがハンカチです。**ハンカチを持ち歩く男は女子の間では高評価。汗を拭《ふ》くのに汗拭きシートなど、ゆめゆめ使ってはなりません。**汗拭きシートの匂いに、オッサンの汗と加齢臭《かれいしゅう》が加わるとめまいがする、という女子が、大勢います。使うなら断然ハンカチ。わずか

500円の投資ですから、コンビニで頻繁に買い、常に新品を持ち歩いてください。

そもそも女性は、男性にオシャレであることを求めていません。**過度なオシャレはかえって逆効果。**普通のオッサンが石田純一《いしだじゅんいち》のように首にストールを巻いたり、かつての本田圭佑《ほんだけいすけ》のように全身をグッチでまとめたりなんて、絶対NG。サスペンダーも蝶《ちょう》ネクタイもカラーフレームの眼鏡も、避けた方が無難です（これらを好きな女もほとんどいません）。

では、**何が一番大事かというと、「無造作感」。**つまり、身なりにあまり気を遣ってない感じを出すこと。女たちは、自分は鏡に映った姿をしょっちゅう見て、服や髪の乱れを整えているくせに、男が鏡に映った自分の姿を見ているところは想像すらしたくない、と主張しています。あの不倫ドラマ『昼顔』のセクシー俳優の斎《さい》藤工《とうたくみ》でさえ、テレ東の深夜番組で、**自宅のリビングに等身大の三面鏡を**

やむをえず休日に私服でデートする場合、過度なオシャレは、ドン引きされるだけ。

私服は無印良品やユニクロが無難。（今流行《はや》りの「ノームコア」ですね）真夏なら、ボーダーのTシャツにコッパンでOK。

ただし、スティーブ・ジョブズのようにいつでもどこでも同じ服装を通すのはNG。（女は男のTPOに合わせた服装をして欲しいものです）

立てているのを撮られ、女性にダダ引きされたほど。相手がたとえ斎藤工であっても、女は男が鏡を見てカッコつけているところが大嫌いなのです。

かといって、肩にフケが落ちていたり、爪が汚れていたりするのは（壇蜜《だんみつ》はこれが一番ダメだと言っています）、論外。男は、女の視界の範囲内では決して鏡を見ず、その代わり女の視界の外では頻繁に鏡を見て身なりをチェックするという器用な芸当を常に要求されています。また、若い女と不倫しようとするオッサンは、ふた言目には**「妻とはうまくいってないんだ」**と言いますが（あなたも絶対言うでしょ）、シワひとつない上着にピカピカの靴では、その台詞《セリフ》は説得力がありません。「妻とうまくいってない」と言うなら、不潔に感じられない範囲内で、ズボンの折り目を霧吹きで消したり、シャツをわざとヨレヨレにしたりするという、さらに器用な芸当が必要です。

ある出版社の女性から、こんな話を聞きました。彼女は、休日、オッサンとふたりで花見に行く約束をしたところ、オッサンは待ち合わせ場所にウエストポーチをして現れたといいます。彼女はその身なりのあまりのダサさに、すぐ帰りたいと思いましたが、30分だけと思って一緒に公園に行ったところ、オッサンはウエストポーチから小さく畳んだビニールシートを出して草の上に敷いてくれたそうです。彼女は胸がキュンとなって、そのオッサンと行くところまで行っちゃったのは、いうまでもありません。

普段はスーツ姿の会社員が休日に彼女と私服で会うと、えてして幻滅を招きがちですが、このオッサンのように彼女に執事《バトラー》のごとく尽くせば、多少のファッションのダサさはフォローが可能です。

以上をまとめると、ハゲデブが若い女性に好かれるには、毎日スーツを着て、**先の丸い靴を履き、前腕部を頻繁に見せ、汗はハンカチで拭き、無造作感を出す、それでもダメなら尽くせ、**ということになります。ぜひ実践してください。

オッサンがモテるための48の秘訣

⑩ 女はハゲよりデブが嫌い。デブが体重を隠すならスーツが一番。

⑪ 男最大のセクシー・ポイントは手首から肘にかけての前腕部。何かにつけて見せつける。

⑫ 常にハンカチを持ち歩く（汗を拭くのに汗拭きシートを使うのは厳禁）。

第5章

「LINE」でモテる

今回は、現代の不倫に欠かせないSNSのお話です。

日本には、2008年に「ツイッター」と「フェイスブック」、'10年に「インスタグラム」、'11年に「LINE《ライン》」が上陸し、今、4つのSNSが定着していますが、それぞれ使い途《みち》が異なり、それを踏みはずすと女子から総スカンを食ってしまいます。

たとえば、週末、バーベキューをするとしましょう。「バーベキューするよ！」と仲間に呼び掛けるのに「インスタグラム」を使うのはNG。なぜなら、**「インスタグラム」は事後に写真を不特定多数に見せるためのもの**だから。仲間に何かを告知するなら「LINE」です。

また、バーベキューの最中、「フェイスブック」に「肉なう」なんて文章を上げたら、ヤバいヤツと思われてしまいます。なぜなら、**「フェイスブック」はパソコンで打ったかと思われるほど長い、頭のよさそうな文章を知り合いに読ませるためのもの**だから。「肉なう」なんてバカな文章を上げるなら「ツイッター」です。

●主要SNS比較表（数値は2019年10月時点）

SNS名	ユーザーイメージ	日本上陸	国内およそユーザー数	名前	文字量	写真アップ	いいね
インスタグラム	おしゃれ女子	2010年	3300万	英語表記	少ない	他人は保存不可	♡ボタン
LINE	若者のインフラ	2011年	8100万	絵文字も使用	↑	データは劣化	密かにあり（タイムライン上にある）
ツイッター	インドア派の若者	2008年	4500万	ニックネーム	↓	データは劣化	♡ボタン（'15年から変更）
フェイスブック	真面目なオッサン	2008年	2600万	実名のみ	多い	データの劣化少ない	👍ボタン

オッサンに普及しているのは「フェイスブック」ですが、「フェイスブック」は自分を実名で世間にアピールするためのもの。家族だって見るし、知り合いに名前で検索されたりもします。日本の若者のSNSはどんどん匿名志向（＝ネットに証拠を残さない文化）になっているので、若い女のコは「フェイスブック」はやっていません。さらにいえば、「フェイスブック」は一旦繋《つな》がってしまうと切りにくいので、不倫には向いていません。

その点、**「LINE」は気まずくなったら、ブロックして削除し**

オッサンのためのＬＩＮＥ交換方法

①「ＬＩＮＥ」を立ち上げ、「トーク画面」の左下のホームマークを押す。

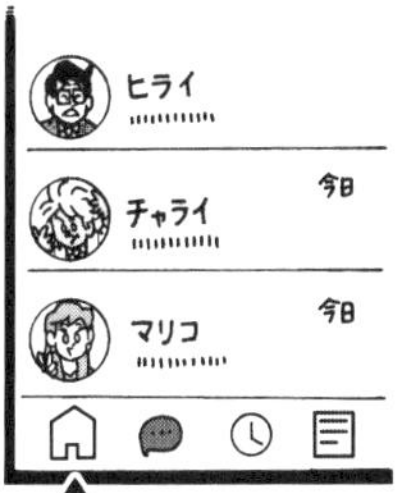

②「友だち」画面に切り替わるので、右上の人間＋マークを押す。

③「友だち追加」画面に切り替わるので、上に並んだ3つのマークの中の「ＱＲコード」を押す。

ちゃえばいいので、最も不倫向きの通信手段。若い女子は、会ったばかりの男でも、「ＬＩＮＥ」なら気安く交換してくれます。が、「ＬＩＮＥ」交換をしたからと言って、彼女について何かがわかるわけではありません。遊んでる女のコの「ＬＩＮＥ」ネームは「☆／／」とか「♥！」とかいった絵文字だけで、アイコンも必ず顔を隠しています。これでは誰が誰だかまったくわかりません。

女のコと「ＬＩＮＥ」交換をしたら、すぐに個チャ（＝個人チャット）でメッセージを送ってください。このとき、スタンプだけを送ると、相手の待ち

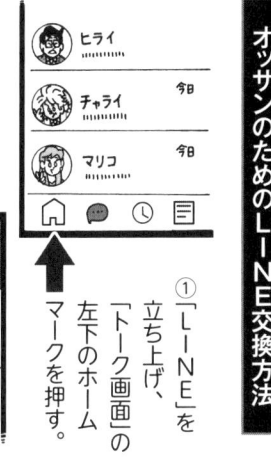

④女のコのQRコード読み取ると、彼女の「LINE」ネームが表示されるので、これを押して、一番下に出る「追加」を押す。これで登録完了！

受け画面に「××がスタンプを送信しました」と表示されますが、この表示は女子には「必死だな」と思われるため、多くの場合、スルーされてしまいます。ところが「××が写真を送信しました」の表示は、多くの女子が「どんな写真かつい見ちゃう」と証言しています。写真には「ホームのタイムラインを見てね」というメッセージをつけてください。ご存じない方もおいででしょうが、「LINE」には「フェイスブック」同様「タイムライン」もあれば「いいね」もあります。このタイムラインを使って、自分を**イケてる大人の男**としてブランディングするのです。

SNSでイケてる感を演出するには、鉄板の方法が3通りあります。

第一がペットネタ。たとえば、タイムラインに子ネコの写真を上げ、**「知り合いから譲ってもらいました。名前をつけてください」**と呼びかければ、女子は競って名前を送ってくれます。名前を送ってくれた女のコ全員に「キミの送ってくれた名前を採用したよ」と個チャで返し、「このネコに会いたくない?」と誘うのです。毎回違う名前で呼ばれる子ネコはいい迷惑ですが、この方法なら一度は確実に女と会うことができます。

第二はセレブネタ。東京や京都・大阪では、平時は毎晩あちこちで、ブランドのレセプションやクラブのパーティーが開かれていますが、それらの中には、誰でも簡単に入れ、情報拡散のため、気安く写真を撮らせてくれるところがたくさんあります。そこに潜《もぐ》り込んで、参加している有名人と2《ツー》ショットの写真を撮り、「○○さ

「LINE」のタイムラインでモテる秘訣《ひけつ》（ほかのSNSでも有効）

最近のパーティーやクラブに必ず用意されているのが、まるでスポーツ選手の記者会見みたいな撮影台とボード。ここで自撮り!

クマダ

たまには親と温泉旅行に行き、一緒に写った写真を1週間アイコンにして、「親を愛している優しい男」感をアピール。これ重要!

ペットでネコの次に人気なのがハリネズミ。特に腹を撫《な》でている動画は鉄板です。ハリネズミの価格は2〜4万円。ネコより安いです。

ん、お疲れ様でした」というコメントとともにSNSにその写真を上げれば、女はあなたが**セレブと友だち**だと勘違いしてくれます。また、最近のクラブはどこも、店名が書かれた記者会見風パネルを用意しているので、その前で写真を撮れば、オッサンでもセレブっぽく写ります。ぜひご活用ください。

そして第三が料理ネタ。実はこれが一番強力なのですが、これについては、次章で詳しくお話ししましょう。

いずれにせよ、タイムライン上の写真を釣り糸にして、当たりが来たら（メッセージが返ってきたら）、一気に釣り上げる（すぐにメッセージを返してデートに誘う）――これが現代の正しい陸釣りの方法です。

「LINE」では、日常のやりとりによる盛り上がりも極めて重要です。デート後、女のコに送るのにベストの一文があるので、お教えしましょう。

それは、**「あのときいえなかったけど、ずっとかわいいと思ってたよ」**。

この文章のポイントは、「あのときいえなかったけど」の部分で「照れ」を感じさせること。第3章で述べた通り女は誰でも、照れている男を見るとキュンキュンしてしまいます。そしてもっと重要なのが「ずっとかわいい」の部分です。「かわいい」は最強の褒《ほ》め言葉。特に、バリバリ仕事をやっている女に対しては有効です。女は、男に「私のどこが好き？」と訊《き》いて、男が必死で100項目しぼり出したとしても、「それだけ？」と言い出す生き物。ところが、「ずっとかわいいと思ってた」と言われると、「私、あのときも、あのときもかわいかったのね」と思い、一発で納得します。しかも最近の若者は女のコに「かわいい」とは絶対に言わないので、女たちは年上のオッサンからそう言ってもらうことを心待ちにしています。

さあ、以上をマスターしたら、明日からスマホ片手に「LINE」でバンバン陸釣りしてください。大漁をお祈りします。

オッサンがモテるための
48の秘訣

⑬

「ＬＩＮＥ」の個人チャットでは、
スタンプではなく写真を送ると、
未読スルーをされない。

⑭

ＳＮＳのタイムラインに
効果的な写真をあげることで
自分をブランディングする。

⑮

ベストなメッセージは
「あのとき言えなかったけど、ずっと
かわいいと思っていたよ」。

第6章 料理でモテる

前章は、「LINE《ライン》」で20代の女を釣る極意をお話ししましたが、もう少し年上の**いい女を釣るなら、やはり「フェイスブック」**です。今のアラフォー女子は、かつてのルーズソックス女子高生。華原朋美《かはらともみ》はつゆだくが好きと聞いて、吉野家に押し寄せた世代です。前回、フェイスブックはオッサンのメディアだと申し上げましたが、アラフォーの女性はスカートをはいたオッサンなのです。彼女たちはひとりでも平気で牛丼屋《ぎゅうどんや》さんに入れます。

「フェイスブック」上のタイムラインで、彼女たちに一番刺さるのが料理写真です。ほら、どうでもいい知り合いのタイムラインを流し見しているときも、料理の写真だけは目が留まるでしょう（空腹時はなおさらですね）。タイムラインにいい料理写真を上げるのは、釣り場にいいエサを垂れるのと同じこと。「おいしそう」という当たりが必ずあります。これにダイレクトメッセージで「今度の木曜日、一緒に行かな

い？　ごちそうするよ」と返して、一気に釣り上げるのです。これなら釣られた女も「私はおいしそうな料理に釣られたのであって、ハゲオヤジに釣られたのではない」と、自分を納得させることができます。

外の店で料理写真を撮るとき写真で重要なのは、アングルです。テーブルに出された皿を普通に撮ると、アングルは斜め上からになりますが、お勧めは真上からのアングル。真上から撮った料理写真は、絵的に締まって見栄えがいい上、連れの存在を感じさせず（もしも写真の隅に女の手でも写っていようものなら、女たちは「そっちをほのめかしたいのかよ！」とダダ引きします）、料理だけを際立たせることができます。

また、20代女子がインスタで開発し普及させた技法で、**スマホをわざと上下ひっくり返して撮る**という裏技もあります。こうするとレンズの位置が料理を見上げる場所にきて、盛りつけられた料理は高さを強調することができ、切り口もよく見えるので、パイ包みやロールキャベツ等の料理は中身をわからせることができ、さらに普通じゃない斬新な構図になるので女子の目を引くことができ、一石三鳥です。

オッサンのための料理写真の撮り方講座

①普通に撮ったなら、このアングル。

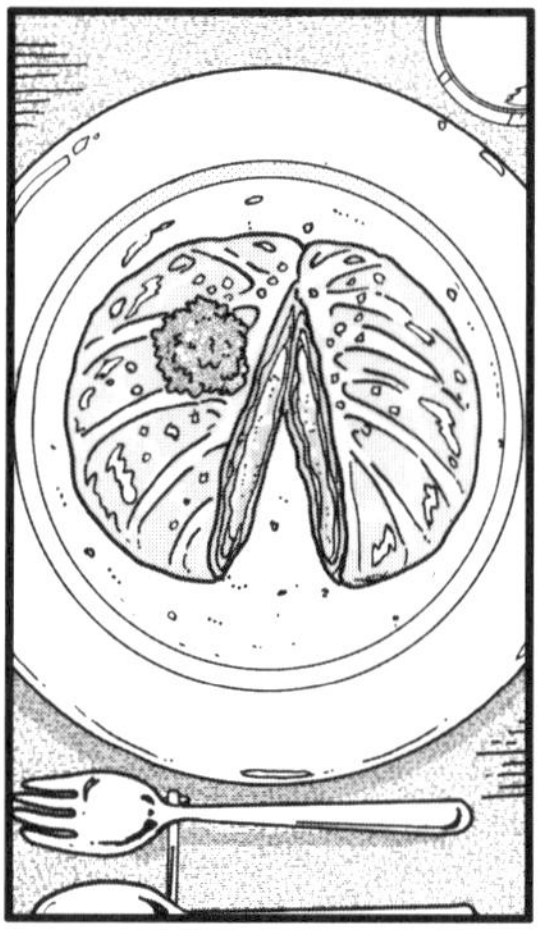

②真上から撮ると、構図が締まって注目度が増す。

いずれにせよ、料理写真で重要なのは非日常性。生活感は「フェイスブック」では大敵ということを念頭に置いてください。

料理写真をエサに彼女を食事に引っ張り出したら、会話は自然と料理の話題になります。

「キミも料理するの？」

「全然。あなたは？」

「作るよ。パスタが自慢だな。そうだ、今度君の部屋で作ってあげよう」

③スマホの上下をひっくり返して、切り口をヨコから撮ると……

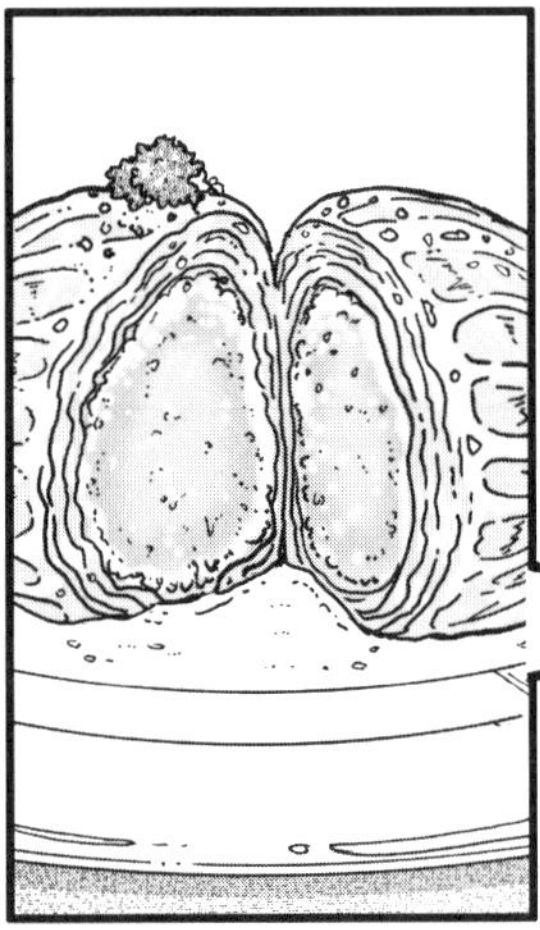

④切り口がよく見える上、盛りつけの高さも強調できます。

これが自然の流れです。バリバリ働いているアラフォーの独身女性は、基本、料理ができません。仕事ができればできるほど、顔がよければよいほど、料理はできません。最近は会社の後輩に「ちゃんとしている感」をアピールするため、自分で作った弁当を職場に持ち込む独身女性がいますが、そういう女は仕事ができません。そもそも、弁当を作って来る女はたいていは親と同居しているので、避けた方が無難です。仕事のできる30代のいい女には、「部屋に行って料理を作ってあげる」という提案に乗りやすい条件が揃《そろ》っているのです。

この提案にさらに説得力を持たせるため、あらかじめ料理レシピサイトの**「クックパッド」に自分のレシピを載せておいてください。**クックパッドには、何万人という人が自分のレシピを載せていますが、男はほんの1割。あなたの名前で料理のレシピを5～6個上げておいて彼女に見せれば、料理なんかしたことがない30代の女性は（賭けてもいいけど、彼女はクックパッドなんか見たことはありません）ムチャムチャ感心し、あなたを料理のプロと勘違いしてくれます。

料理を作りに行く当日は、彼女の家の近くの駅前で待ち合わせして、ふたりでスーパーに食材を買いに行きましょう。**ふたりで料理の材料を買う行為は、ハッピー感満載で、不倫の醍醐味《だいごみ》**（現に、芸能人がよくそういう場面を、文春砲やフライデーされているではありませんか！）特に最初のうちは新鮮で、女性はそれだけでもうウットリしてしまいます。

①「クックパッド」への入り方

スマホでアプリを入手。トップ画面の左上のメニューボタンを押すとユーザー登録ボタンが出るので、それを押して電話番号かメアドを入力し、ユーザー登録を完了する。

②レシピの上げ方

登録後にメニューボタンを押すと「レシピを書く」ボタンが出るので、指示に従って内容を編集し、一般公開。

作る料理は、和食が理想です。昨今は、日本酒がバブルの頃のワインと同じくらい盛り上がっているので、日本酒の知識があるとかなりモテます。アジを3枚におろして、たたきを作って日本酒で1杯、なんてことができたら、その夜のうちのベッドインも夢ではありません。が、さすがに魚を3枚におろすのは上級テクなので、にわか料理人の我々には、パスタあたりが無難というもの。

パスタ作りにだって見せ場はあります。ニンニクやタマネギをみじん切りにするとき、あらかじめタテヨコに切れ目を入れてから水平に切ってゆく、いわゆる**「ジャポネ切り」**がそれです（イラスト参照）。料理をしない女子は、この合理的な切り方を知らないので、感心してくれます。二、三度やれば簡単にマスターできる技なので、ぜひ身につけておいてください。

また、意外にポイントの高いのが炒飯《チャーハン》です。男が大きめのフライパンや中華鍋を片手で操る光景は、女子の好きな男の前腕部《ぜんわんぶ》のアピールになり、オリーブオイルを高い位置から振るよりずっと効果的です。ただし、中華鍋は収納も手入れもタイヘンなので、女子は絶対に持っておらず、これをやろうと思ったら、中華鍋を持参する必要があります。レンジがＩＨ《アイエイチ》だと、その

初心者でもプロっぽく見える「ジャポネ切り」のやり方

ニンニク

①ふたつに切って芯《しん》を取ったら切り口を下にして根元を切らずにタテに薄く切り、

ネギ

①根元を切り落として、

②ヨコにも切れ目を入れて、

③端から切れば、
簡単にみじん切りが完成。

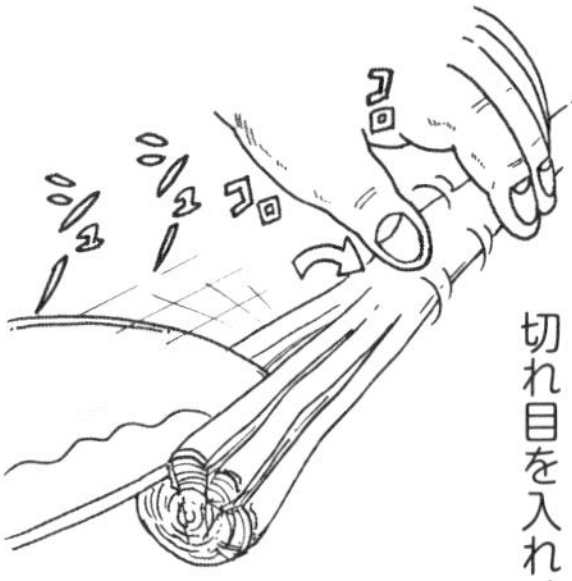

②ネギを回しながらタテに
切れ目を入れ、

③直角に端から細く切って
いけば、簡単にみじん切り。

鍋を頭にかぶって帰ることになるので、事前にご確認ください。

最後に、彼女の部屋で料理を作る上で最も重要な注意をひとつ。それは、**ひとり暮らしの女の家の包丁は切れない、**ということ。彼女たちは料理をしないので、家の包丁はサビサビです。マイ包丁を持って行かないと、普段の実力は出せません。包丁を持参されることをお忘れなく。

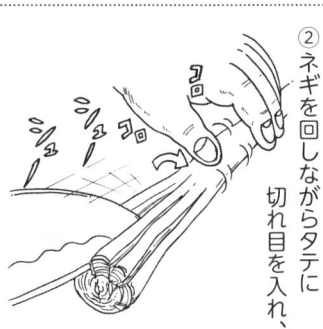

オッサンがモテるための
48の秘訣

⑯
「フェイスブック」に
スマホを上下逆に撮った
料理写真を上げる。

⑰
「クックパッド」に
自分のレシピを載せておく。

⑱
ひとり暮らしの女の家の
包丁は切れないので、
マイ包丁を持参する。

第7章

BBQ《バーベキュー》でモテる

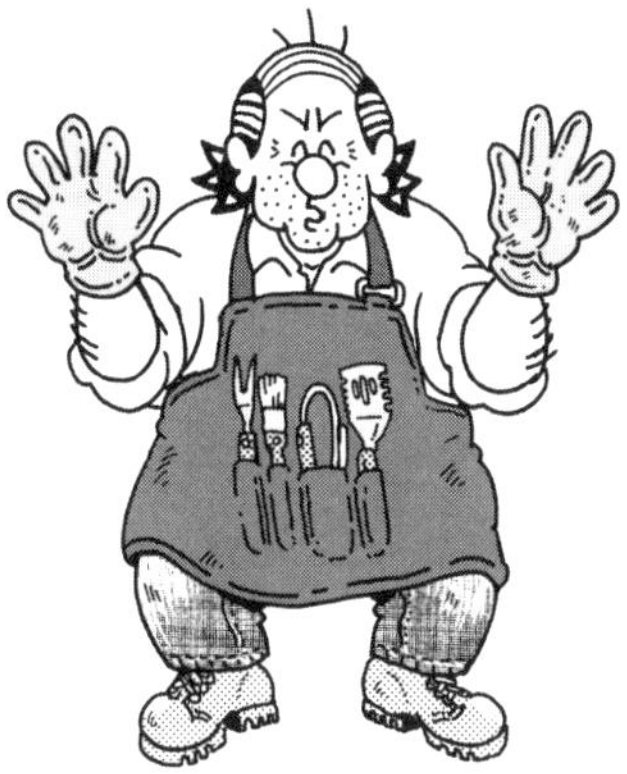

革手袋とバーベキュー・エプロンは、バーベキューのプロに見せかけるのに不可欠の小道具。

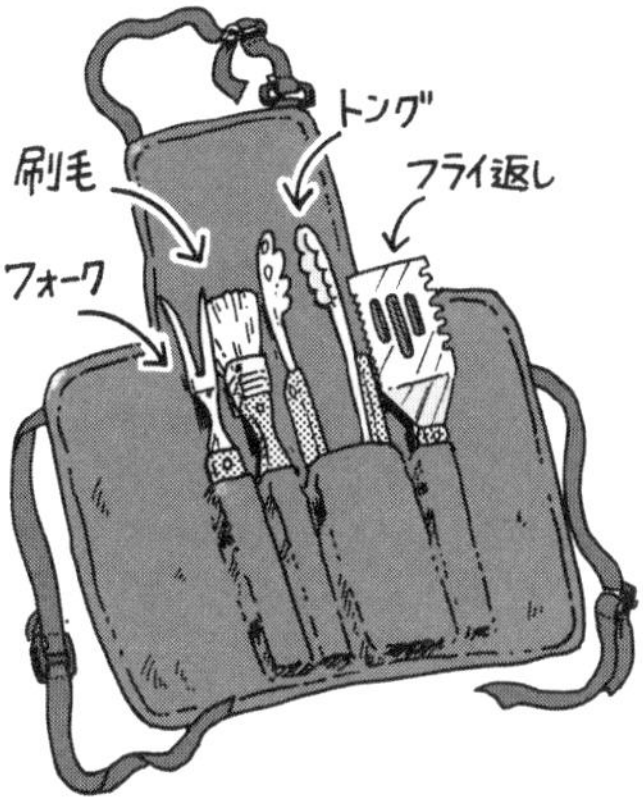

刷毛・トング・フライ返し・フォーク付きのバーベキュー・エプロン。1万円台で、Amazonなどで購入可能。

今どきの女子は誰もが例外なくバーベキュー好き。休日に職場の目当ての若い女子を誘ってバーベキュー大会を主催し、イケてるオジサマであることをアピールすれば、彼女との距離もぐっと縮まろうというもの。今回はバーベキューで女を釣る話をいたしましょう。

まずは場所選びから。日本では、**バーベキューはボーイスカウト活動の延長線**と考えられていますが、バーベキュー発祥国のアメリカでは、それほどストイックなものではありません。たとえば日本では、燃料は炭が当たり前ですが、アメリカの燃料は基本ガス。肉を焼くのも網ではなくて鉄板。いわば、ホームパーティーの延長線です。場所選びはワイルドさにこだわらず、便利さを優先し、駅から歩いて行けてコンロを向こうが用意してくれて、金を払えばゴミも処理してくれるようなバーベキュー場を選んでください。

炭と網を使うのは致しかたないとしても、汗水たらして炭に火をおこす達成感は、男のエゴでしかありません。東急ハンズに行けば、高さ約30センチの筒の中に炭をやぐらに組んで、下に丸めた新聞紙を入れて着火すると、上昇気流で炭に簡単に火がつく「火おこし器」**（チムニー・スターター）**を2〜3千円で売っていますので、炭に火をつけるときはぜひこれを使ってください。その方がモテます。

日本のバーベキューは、肉は薄く切って焼き、タレをつけて食べるのが主流ですが、それでは焼肉と変わりがありません。ここはひとつ、本格的なアメリカ式

BBQにおける自然なスキンシップ

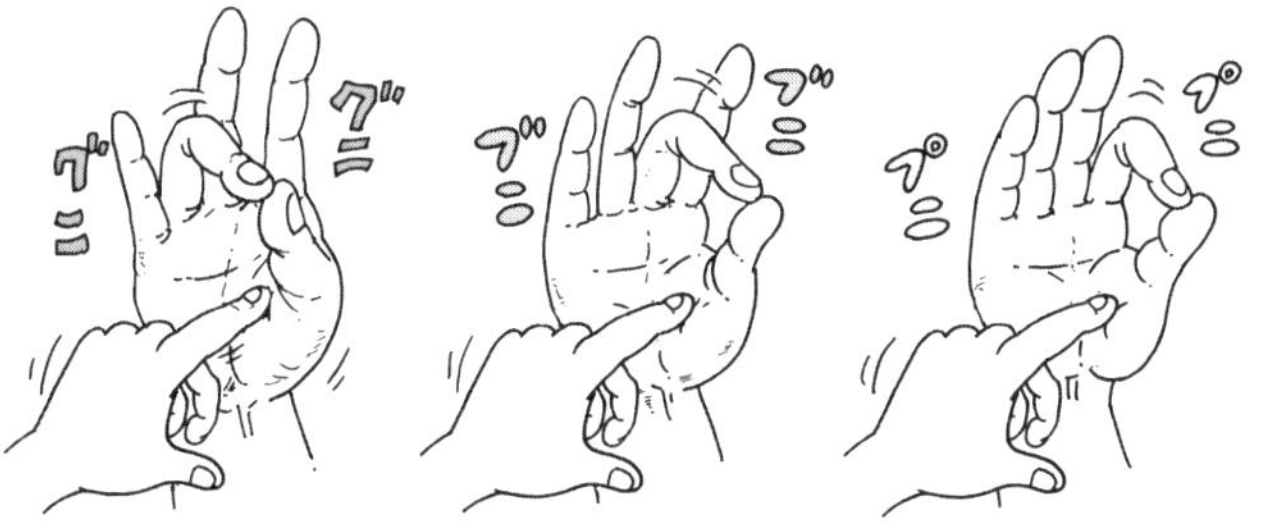

①肉を焼く前、親指と人差し指で輪を作り、彼女に親指のつけ根を触ってもらってください。このときの親指のつけ根の硬さがレア。

②親指と中指で輪を作ったときの硬さがミディアム・レア。

③薬指だとミディアム。

レア

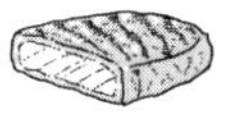

ミディアム・レア

バーベキューで、若い女の固定観念をくつがえしてやりましょう。女たちが**「そんな分厚い肉を焼くの!?」**と驚くくらい厚い肉を用意してください。厚さ3センチは欲しいところです。ただし、高い霜降り肉でなくても結構。肉に金をかけるくらいなら、「フライングタイガー」でフラミンゴが描かれたかわいい紙皿を買い揃《そろ》えておいた方が、女子はずっと喜びます。

厚さ3センチの肉を手に入れたら、焼く前にワインの瓶で叩《たた》いて、厚さが2センチになるまで潰《つぶ》してく

④小指だとウェルダン。まったく意味のない知識ですが、こう説明すると、彼女と手を触れ合うことができます。

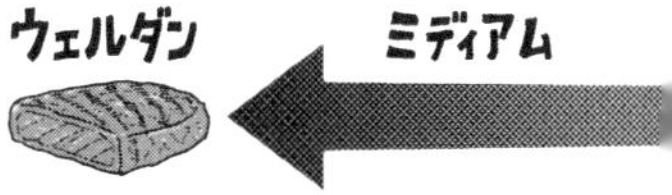

ださい。肉叩きは腕力が要るので、オジサマの第一の見せ場です。肉は、焼く前にバーベキューラブを揉《も》み込みましょう。バーベキューラブとは、塩、スパイス、ハーブで作ったステーキ用調味料。アメリカ式バーベキューの肉の味付けは、基本これ1本。市販もされていますし、サイトでレシピを公開している人もいます。日本でこれを使うとワンランク上のバーベキューに見えますし、肉に揉み込む作業はオジサマの第二の見せ場になるので、ぜひ使ってみてください。

火をおこした炭はコンロの中で、高く積んだ強火ゾーンと低く積んだ弱火ゾーンに分けるのがコツです。肉のかたまりは、強火ゾーンの上で表面がやや焦げるくらい炙《あぶ》った後、弱火ゾーンでじっくり火入れし、肉がミディアムレアに焼けたら、火からはずしてアルミホイルに包み、5分置きます。こうすると熱が全体に行き渡り、身がローストビーフの色になり、肉汁も落ち着きます。

肉が焼けたら参加者を周りに集め、**真ん中から斜めに切って、薄いピンクの切り口をみんなに見せてあげましょう。**歓声があがること請け合いです。これが、オジサマの第三の見せ場です。

肉

肉が焼けるまでには少々時間がかかるので、その間、やることがないと、飽きて輪からはずれていく人が必ず何人か出てしまいます。これではバーベキューは失敗です。参加者を手持ち無沙汰《ぶさた》にしないよう、ポテチにディップで構わないので、火を通さなくてもいいオードブルを必ず仕込んで行ってください。

さらに、**女子たちには、ジャーサラダを作ってもらいましょう。**ジャーサラダはフォトジェニックなので、SNSで自慢をする上で極めて有効なアイテムです。パプリカやスイスチャード（茎がカラフルな葉野菜）等の派手な野菜を用意

【スライダーバーガー】
最近、流行《はや》りの直径4〜5センチのミニバーガー。アメリカのファストフードの走り『ホワイトキャッスル』が1920年代から販売。

【ジャーサラダ】
「メイソンジャー」と呼ばれるジャーに、細かく切った野菜をつめた「ジャーサラダ」。女子が女子に自慢するために作るサラダです。

【バーベキューラブ(BBQ RUB)】
肉に下味をつけるためのスパイスミックス。高級スーパーで購入可能。ラブ(RUB)とは「擦り込む」の意味です。

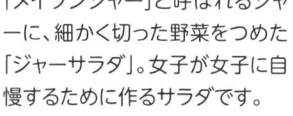

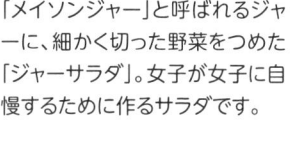

して、女子たちに切ってジャーにつめてもらい、女の見せ場を作ってあげましょう。バーベキューは、基本、男が女に褒《ほ》められるためにやるものですが、女にも褒められる場を作ってあげることが肝要。これをやっておくと女たちの充実感が違いますし、肉ばかりを食べるという罪悪感も取り除いてあげることができます。

焼き野菜もたっぷり用意しましょう。アメリカ式バーベキューでは、**野菜はまるごと焼くのが基本。**トウモロコシは皮付きのまま丸ごと、ピーマンも表にオリーブ油をハケで塗りながら丸ごと（「ピーマンの種を取るのは日本人だけなんだよ」とウンチクをたれたい方はどうぞ）、トマトもヘタの部分を包丁で円錐状《えんすいじょう》にくり抜いて中にアンチョビとニンニクを入れて丸ごとホイル焼き、シイタケはイシヅキの部分を取ってヒダのところに岩塩を振って丸焼き――どれも、見た目がダイナミックな上に味も上々で、オジサマの第四の見せ場になります。

シメには、最近流行《はや》りの**スライダーバーガー**（アメリカ式ミニバーガー）が最適です。高級スーパーには「スライダーズ」と袋に書かれた直径4～5センチの小さいバンズが置いてあるので、それを買い、パテはあらかじめ仕込んで平らにのばしたものを「ジップロック」に入れ、冷凍して持って行きます。肉を食べ尽くした頃には解凍が進んでいるので、これを焼き、炙ったバンズに挟《はさ》めば、ハイセンスなシメの一品になります。

デザートには焼きバナナ・焼きキウイがお勧め。どちらも皮のまま皮が黒くなるまで焼いて、シナモンシュガーを振り、ちょっとオリーブオイルをたらし（黒コショウも合います）、バニラアイスを添えれば完璧です。

そして最後の見せ場は後片付け。**「炭は炭素だから、土には還らないんだ」**と言いながら、炭は火消し壺に入れて持ち帰りましょう。環境にも配慮するソーシャル・グッドなオジサマとして、あなたの株は上がる一方のはずです。

オッサンがモテるための
48の秘訣

⑲ バーベキューでは女たちが
「そんな分厚い肉を焼くの!?」と
驚くくらい厚い肉を焼く。

⑳ どの女性にも必ず
見せ場を用意する。

㉑ 後片づけで
環境に配慮する姿を
アピールする。

第8章

車でモテる

自動車が、デートの最強兵器ナンバーワンの座から滑り落ちて、10年以上はたつのではないでしょうか。最大の理由は飲酒運転に対する罰則の強化。この十数年で、運転者はドライブ中、1滴でも酒を飲んだら人生を棒に振ることになったため、女にも酒を勧めにくくなり、車とデートは両立しなくなってしまいました。

でも、**女に酒を飲ませなくたって、ドライブ・デートにはメリットがたくさんあります。**何より、車の運転席と助手席の距離は、心理学上、長くいると自動的に好感が湧くといわれる「近接相《きんせつそう》」(75センチ以下)。またハンドルを握れば、女が一番キュンキュン来る前腕部《ぜんわんぶ》を、たっぷり見せつけることができます。

しかも、今どきの都会の若者は、車どころか運転免許すら持っておらず、FFとかFRとかいった、我々オッサンなら誰もが知っている自動車用語もチンプンカンプン。女は、海でも山でも好きな場所に好きな音楽をかけながら、玄関前から快適なシートに座ったまま移動できることに新鮮な驚きを感じてくれます。女を落とすために自動車を使うのは、オッサンに許された特権と申せましょう。

ワーゲンや
BMWのように
シート調節の
わかりにくい
外車は、
シートを少し下げたいんだけど？
初デートに不可欠な
軽い肌の触れ合いが
自然に行えます。
やってあげよう！
ガバッ

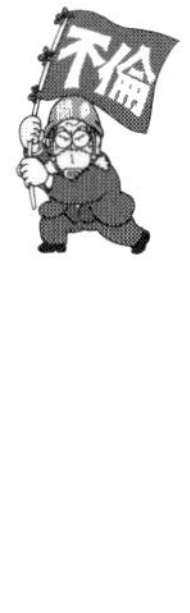
不倫

では、女を釣るためにはどんな車に乗ればいいのでしょう？　昔なら正解はスポーツカーでした。が、今どきの若い女の目には、派手なスポーツカーに乗ったオッサンは浪費癖のあるチャラい男にしか映らず、「私も性の浪費対象にする気ね」と見抜かれてしまいます。彼女たちが夢見るのは、「こんなに堅実な人が、私のことはどうにもならずに好きになっちゃったのね」というアホみたいなストーリーです。重要なのは堅実さ。

昔の清原《きよはら》ように派手なスポーツカーを乗り回す元プロ野球選手は、モテのルールを勘違いしているとしかいいようがありません。

堅実さという意味で、今、一番なのはハイブリッド車ですが、残念ながら若い女はハイブリッドのありがたさがわかっておらず、電源を出力できる車でキャンプに行って、オール電化キャンプでもして見せない限り（イラスト参照）、女を落とすことはできません。また、ワゴンやバンにも堅実感はありますが、そういう車は家庭の存在を感じさせてしまうため、不倫には向きません。

電動で屋根が開くコンバーチブルは、見せ場がありますし（94ページ参照）、屋根を閉めている限りチャラさを感じさせないミニやワーゲンのような堅実な車も

プラグインハイブリッド車「アウトランダー」は、外部に出力できる電力が1500Wもあるので、これでキャンプに行くと一般家庭並みの電化キャンプが可能。わかりやすく女子ウケします。

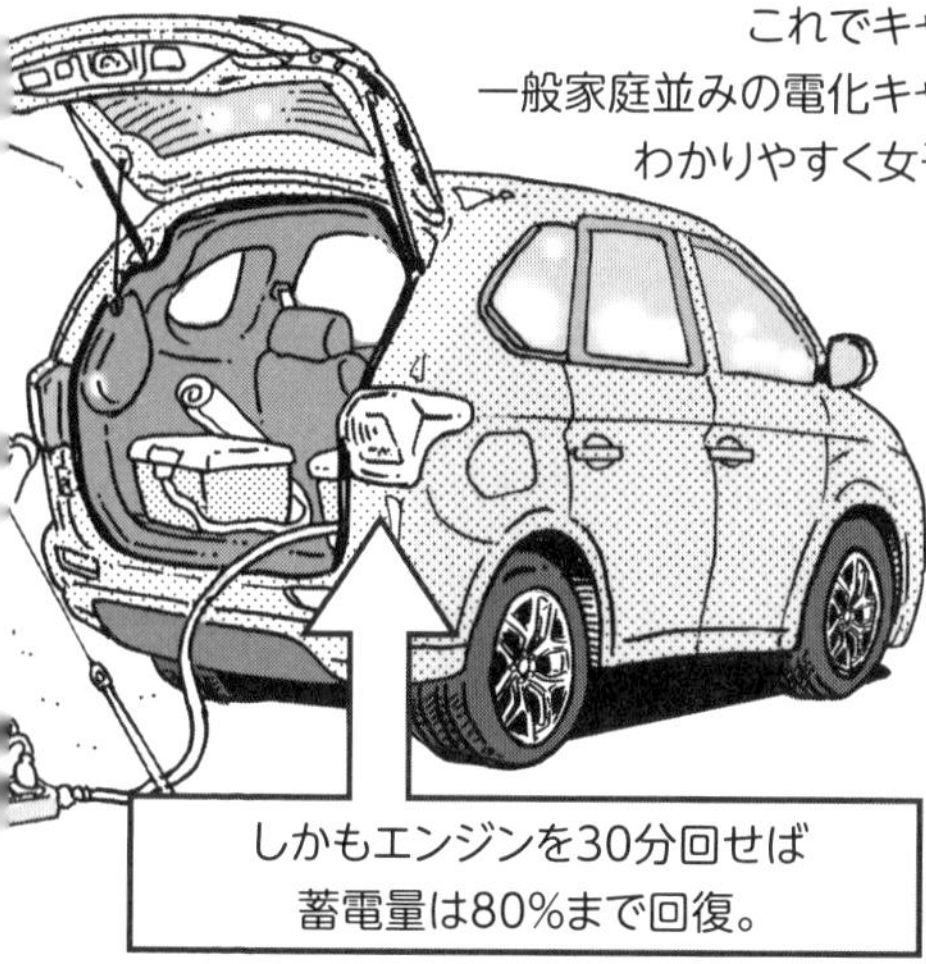
しかもエンジンを30分回せば
蓄電量は80%まで回復。

ありますが、今どきの女は紫外線に弱いので、屋根を開いて走るキモチよさは理解してくれません。

正解は四駆です。女は例外なく四駆好きです。実際、ベンツのGクラスやレンジローバーのような高級四駆に乗ったオッサンは、スポーツカーに乗ったオッサンよりチャラい男が多いのですが、女はそこが見えません。むしろマジメで堅実な人だと思う傾向にあります。ですから、不倫は四駆に限ります。

コンバーチブルで
空気のきれいな海や
山に行き、シートを倒して、
空いっぱいの星を眺めれば、
彼女はたしかにメロメロですが……

さて、その四駆で彼女をどこに誘うか？　初めから温泉への1泊旅行に誘うという、相撲のネコだましみたいな手もありますが、これは初心者がやってもかわされるだけ。基本は0泊2食。それも、車で遠出するべき理由のある場所に誘うこと。たとえば「軽井沢のアウトレット行ったことある？　珍しいブランドを置いてるよ」とか、「『最後から二番目の恋』や『テラスハウス』に出ていた鎌倉の「ヴィーナスカフェ」に行ってみない？」とか——女が、私は不倫で行くのではない、ほかに目的が

かといって、屋根を開いたまま
目的地まで行こうとすると、
彼女の不満攻勢に
耐えつづけなければ
なりません。

日焼けしちゃうじゃない！
ちょっと寒いわよ。
も〰〰髪がバサバサ。

あって行くのだ、と自分に言い訳できる誘い方をするのがコツです。

ドライブ・デートに、運転の上手《うま》さは必要ありません。 昔は、自動車の運転はいっぱしの専門技術で、縦列駐車が上手いとか道をよく知っているというだけで、女はコロッといったものですが、最近はバックモニターとかカーナビとかいった便利な装置が発達し、自動車は男の見せ場を奪う方向に進化しています。重要なのは、そうした最新の道具を使いこなせているか、です。

たとえば、途中の道のりでは「キミ、どういう音楽が好きなの？」と言って、彼女のスマホに入った曲をブルートゥースでカーオーディオに飛ばし、かけてあげてください。こうすることで、あなたは、女の趣味を尊重する優しい紳士というイメージをブランディングできます。でも、長い道中、彼女のスマホの曲だけでは保ちませんから、帰りは「星野源《ほしのげん》が好きなら（彼女がかけるのはたいてい星野源です）、きっとこれも好きだよ」と言って、**自分のiPhoneに入れた大橋トリオをかけてください。**若い女は間違いなく喜びます。

また、コンプライアンス上問題があるのでお勧めはできませんが、車で野外フェスに行き、こっそりiPhoneのヴォイスレコーダーで録音したフェスの模様を、帰りの車内で聴き、フェスの盛り上がりをふたりで追体験するという手もあります。

ドライブ中は、頻繁にサービスエリアに寄ってください。初めてのドライブでは、女はトイレに行きたいとは言い出しにくいもの。男がさりげなくトイレ休憩をとってあげるべきです。**休憩をとっている間、ことさらにタバコを吸っているところを見せると、**彼女は「この人は私のためにタバコを我慢してくれてたんだ」と感心してくれます。

遠出をせず、たとえば西東京に住む娘だったら、車で根津《ねづ》や谷中《やなか》あたりの和食店に連れて行き、食事中、酒を飲んで、彼女が「コイツ、酒飲んじゃったから泊まっていこう、とか言うつもり？」と心配し始めたら、「帰りは運転代行を呼んでるんだ」と言って安心させる、という高度な技もあります。

一度でもエッチを想像した女性は、次に落とすのはたやすいもの。そして都心の運転代行の料金は、高くてもタクシーの2倍弱。わずかな投資で、次のデートで結果を出すことができます。

オッサンがモテるための
48の秘訣

㉒ 女性をドライブに誘うならスポーツカーではなく四駆。

㉓ 行き先は、相手にそこに行くべき理由を作ってあげる。

㉔ ドライブ中に聴く音楽は自分で選曲しない。彼女のスマホの中の曲をかける。

第9章

健康法でモテる

『いま20代女性はなぜ40代男性に惹かれるのか』という本がベストセラーになったのは、今から約10年前。10年前の20代女性といえば、かつてのルーズソックス女子高生世代。彼女たちは、アラフォーになった今も、50代を迎えたオッサンに惹《ひ》かれつづけています。それは、彼女たちと同世代の男子は「草食系」で恋愛を面倒臭がるので相手にならない、ということもありますが、もうひとつの理由は、30代女と50代男には「健康不安」という共通点があり、話が合うから。

ご同輩、あなたも経験がありませんか？　普段は話がまったく合わない女子社員が、たまたまあなたが社食で食後に「R‐1ヨーグルト」を食べているのを見かけて、「課長、腸活《ちょうかつ》ですか？」と話しかけてきて、「腸内フローラは大事だからね」「ですよね〜」かなんか言って盛り上がっちゃったことが。

今回は、健康法で若い女性にモテるというお話です。

(a) 健康意識高い系オヤジ

facebook
ザイゼン部長（zaizen）
寒くなってきましたね。
今日も朝から日課の10kmランニングで汗を
流してきました。健康のために毎日欠かさず

「フェイスブック」で、毎日ランニング自慢

(b) 無頼派オヤジ

γ《ガンマ》-GTPの数値が信じられないくらい悪くてさぁ！
健康診断書

自慢できることはこれだけ

ここで、質問。以下のふたつのタイプのオヤジのうち、若い女性が絶対つき合いたくないと思っているのは、どっちでしょう？

a 酒もタバコもやらず、毎日、早寝早起き。朝5キロ走ってスムージーを飲み、ジムにも通い、休日は自家農園で野菜を作ったりする**「健康意識高い系オヤジ」**。

b 酒もタバコも浴びるほどやり、深夜に脂ギトギトのラーメンを食べ、「今年はもう東京ドーム1杯分ビールを飲んだよ」などと自慢する**「無頼派オヤジ」**。

え、何？　この話の流れなら、当然答えは**b**だろう、ですって？　ブ～ッ！。

この連載の執筆に当たって、ホイチョイとビッグコミック編集部は20～30代の女性のべ120人にインタビューを実施しましたが、彼女たちはこの質問に口を揃《そろ》えて、「**a**の健康意識の高いオヤジは絶対イヤ」と答えました。なぜなら、健康意識の高い男と結婚したら最後、毎朝、朝食の1時間前に叩《たた》き起こされて、一緒に走らされそうな気がするから。

健康志向は女性にとって一種のファッション。そのときどきで流行があります。

ポリフェノールで血液をサラサラにしないと！

20年前はポリフェノール、

え？　何？　女は、アサイーだのチアシードだの、やたら健康食品が好きで、健康意識が高いじゃないか、ですって？

たしかに、生理・出産がある女は、若いうちから男より健康に高い関心を持っていますが、そんな彼女たちも、長年のひとり暮らしと会社勤めで、健康に対してどんどんルーズになっていき、30を過ぎれば、酔っ

十数年前はデトックス、
岩盤浴で身体から毒素を排出しないと！
今は腸活、
発酵食品で善玉菌を増やして腸内フローラを整えないと！
その流行をはずすと、モテません。
ポリフェノールって抗酸化作用がスゴいんだよね。
まだそんなこと言ってるの？ださ〜

払って部屋に帰って来てそのまま化粧も落とさずに寝てしまい、朝起きたら顔がガビガビなんてこともしばしば。生活ぶりは、**無頼派オヤジとたいして変わりはしない**のです。

考えてもみてください。毎朝5キロ走って、ジムにも週3で通うような健康意識の高い男は、私たちのように「ニンニク卵黄」とか「しじみエキス」とかを飲んだりはしません。私たちは、**健康上マイナスな日常生活を、錠剤の力で姑息《こそく》にゼロに持っていこうとしているだけ**ですが、走ったりジムに行ったりする男は、努力でプラスをさらにプラスにしようとしているのです。

女も同じです。本当に健康意識の高い女は、健康をファッション化せず、ストイックな生活習慣を守りつづけています。キヌアが流行《はや》ればキヌアに、ココナッツオイルが流行ればココナッツオイルに飛びつくような女性は、努力なしに簡単に健康を手に入れたいと思っている点で、我々オッサンとメンタルは同じなのです。

ただ、無頼派のオッサンは、家の冷蔵庫はトクホのお茶でいっぱいにしていても、男の見栄《みえ》で世間に対しては「オレはいつ死んでもいいんだ」と言い放たなければならないのに対して、女は、健康がファッションなので、大手を振って健康に気を遣っているポーズがとれる、というだけの違いです。

十

数年前、日本の女性はテレビの2大健康番組、フジの『発掘！あるある大事典』と日テレの『午後は○○おもいッきりテレビ』に夢中で、烏龍茶が脂肪を分解すると聞けば烏龍茶に飛びつき、納豆にダイエット効果があると聞けば納豆を毎日食べ、姑息な健康増進に邁進《まいしん》していました。ところが、このふたつの番組が相次いで終了した2007年以降、女たちは、ストイックにお茶ばかり飲んでいても全然痩《や》せないことに気づき、**健康のために頑張るのはかえって心のストレスになるだけ**、と考え始めます。それからは、生キャラメル、B-1グランプリ、ロールケーキ、パンケーキといった、コッテリ食品ブームが到来。女は表向きは健康食品を食べているような顔をしても、裏ではクリームがコッテリのパンケーキをバクバク食べるようになりました。

そんな彼女たちは、自分が健康に関してダメダメなことを十分認識しています。

彼女たちは、「ちょっと下っ腹が出てきちゃって」と漏らしたとたん、背後から「歳の数だけ腹筋しなさい」と諭されたり、おやつに大好きなジャンクフードを食べて女性の健康志向は理屈ではないので、効果を論理的に訊《き》こうとすると、話が噛《か》み合いません。

いたら、「プラスチック食べてるのと同じだぞ」と注意されたり、そんなごリッパなことをオッサンから言われたくありません。

多くのオッサンは、若い女性に対して年上風を吹かせ、女から見て信頼される男、リッパな男になろうとするから失敗するのです。若い女とは、不健康な生活をしているダメダメな者同士、**情けなく健康不安を語り合い**（若い男には真似《まね》のできない芸当です）、アレがいいらしいよ、コレがいいってよ、と噂《うわさ》し合う。これが、オッサンが健康法をネタに女を口説く正しい方法です。

最後に、重要な注意をふたつ。

①女にとって健康法はファッションなので、流行遅れの健康法の話題は絶対禁物。最新の健康法の研究をお忘れなく（102～103ページ上イラスト参照）。

②それともうひとつ、女にとって健康法は理屈ではありません。感覚です（右ページマンガ参照）。科学的根拠は不要。ウンチクは嫌われるだけです。

以上2点、くれぐれもお忘れなく！

オッサンがモテるための48の秘訣

㉕ 女性にとって、健康法はファッション。そのとき、そのときの流行を把握しておく。

㉖ 早朝ジョギングを女性に強制しそうな健康意識の高さを見せない。

㉗ お互い、不健康な生活をしているダメダメな者同士、情けなく健康不安を語り合う。

第10章

ギターでモテる

女を落とす武器のひとつに楽器があります。楽器が弾ける男は、サーフィンができる男、料理の上手《うま》い男、英語がペラペラの男と並ぶ、**日本4大モテ男のひとつ**。ただし楽器といっても、アルペンホルンやバグパイプのような突飛な楽器ではだめですし、逆にリコーダーやハーモニカのような身近過ぎる楽器でもダメ。つまるところ、ピアノかギターに限られます。しかもピアノは、子供の頃からキチンと習っていないと他人に聴かせるレベルにはならないので（世の中には、ディーン・フジオカとか岡田准一《おかだじゅんいち》とかEXILE《エグザイル》のATSUSHIとか、ピアノを子供の頃から習っていてムチャムチャ上手く弾く二枚目が大勢います）、これはもうギターしかありません。

若い女と車で海か山へ行き、トランクに積んだアコースティック・ギターを取り出し、**6~7通りのコードを八分音符でジャカジャカ**弾けば、彼女はウットリ。女が「私も弾いてみた~い」と言い出したら、背後からコードの押さえ方を教えてあげればゴルフより身体を密着できますし、GとDのコードを交互に弾き（これだけでサマになります）、即興で「♪今日初めて知ったよ、これが本物の愛なのか~〇〇~」（〇〇は相手の名前）なんて歌えば、こんなキモチ悪い歌詞でも彼女は相当喜びます。しかもボブ・ディランがノーベル文学賞を受賞するご時世。フォークソングに対する世の関心は高まる一方。これはもう今からでもギターをマスターするしかありません！

【フォークギター】
（クラシックより一回り大きい）

【クラシックギター】

ギターには、ネックの幅が狭く弦が金属製のフォークと、幅が広くナイロン弦のクラシックの2種類があります。クラシックの方がナイロン弦なので指は楽ですが、何を弾いても悲しい感じになるので、女を口説くにはフォークがお勧めです。

我々ホイチョイの中学時代は吉田拓《よしだたく》郎《ろう》や井上陽水《いのうえようすい》の全盛期でしたから、ご同輩も、一度はフォークギターを手にとった経験がおありのはず。そして、おそらくは、**Fのコードを押さえられなくて1か月半であきらめちゃったクチ**でしょう。たしかに、Fのコードは、人差し指1本で

6弦全部を押さえなければならず、そうすると指がやたら痛くなり、みんな嫌になってやめちゃうんですよね。

Fとはド・ファ・ラの和音のこと。実は、人差し指で6弦全部を押さえなくても、小指が押さえている第4弦がファの音になっているので、太い方の2本さえ弾かなければ、ド・ファ・ラの音は出ます。同様にG(=シ・レ・ソ)も、一番細い弦1本だけを押さえ、細い方の4本を弾けばシ・レ・ソになります。こんな姑息《こそく》なテクニックはギター教室の先生は教えてくれませんが、**女を落とすためなら姑息上等**。どんどん姑息になってください。

ちなみに世の中には、ディープ・パープルやレッド・ツェッペリンを完コピできる本物のギターテクニックを持ったロックおやじがウヨウヨいます。女の前でギターを弾く際は、そういうロックおやじが同じ場にいないか、事前に周囲をよく見回してください。

姑息《こそく》なFの押さえ方の指板図

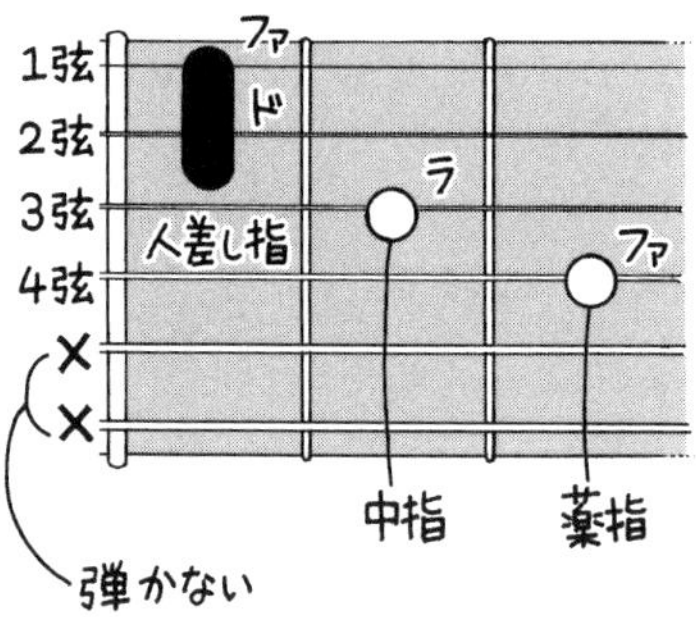

Fのコードの押さえ方の指板図

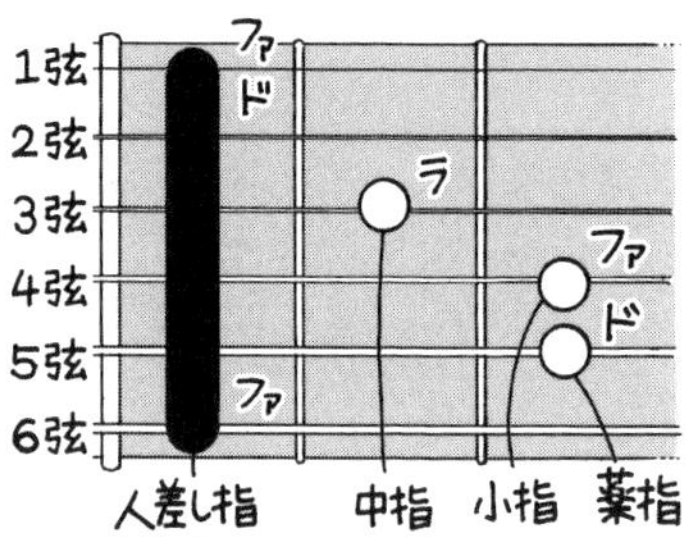

人差し指1本で全部の弦を押さえることを「バレー」といい、Fだけでなく B、Bmでも使われます。ギターを学ぶ者にとって最大の壁です。

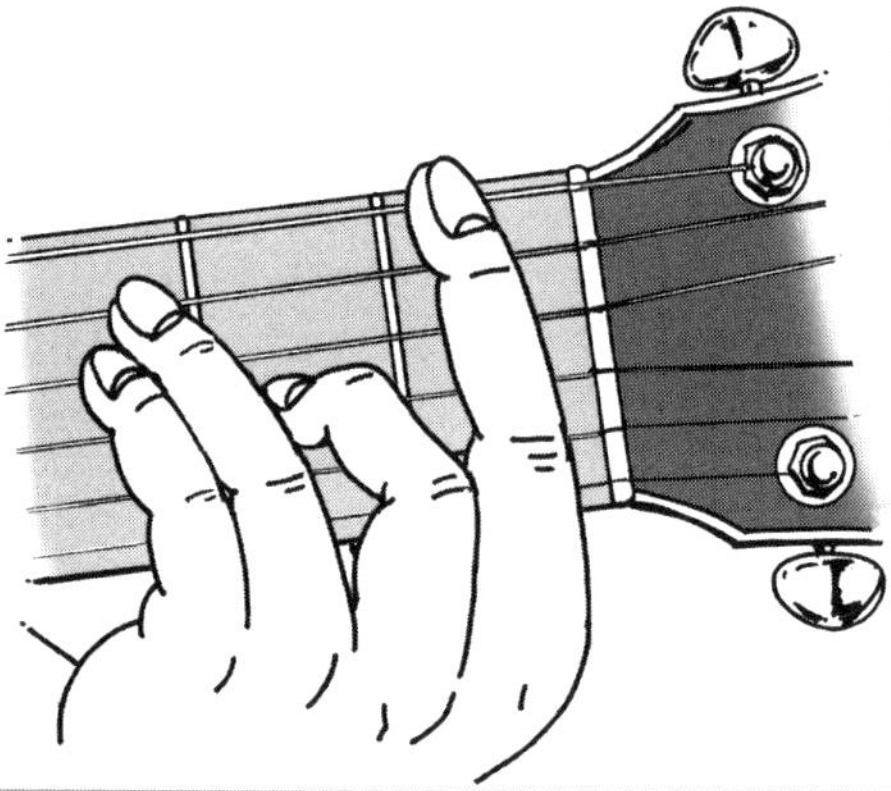

上の指板図は、弾き手が左手を上から覗《のぞ》いたときと同じ見え方にするため、上下左右を逆に描くのが普通。初心者は戸惑いますが、すぐ慣れます。

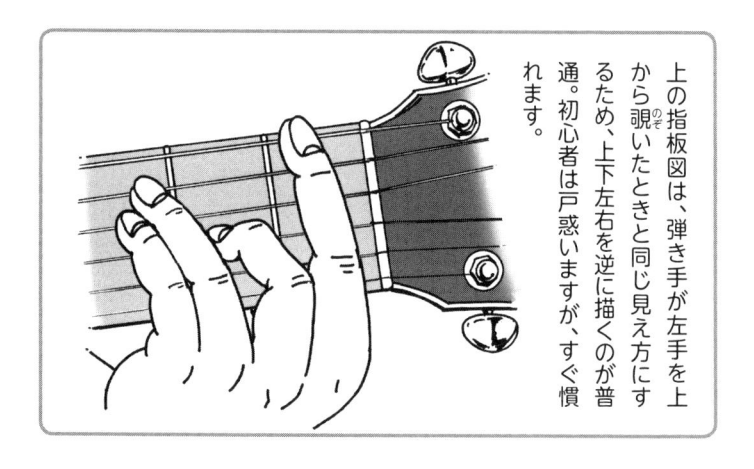

ギターを置いているお店での正しい弾き方。

①
明日の晩、女を連れて来るのでよろしく。
②
クマダさん、1曲弾いてくださいよ。
え〜〜〜勘弁してよ。

統計上、ギターでよく使われるコードは、出現頻度順に、C・G・Em・D・F・Am。この6つとG7が弾ければ、昔はたいていの曲が演奏できたものでした。**ビートルズの曲は8割がC・F・Gだけで乗り切れます**し、T・レックスのマーク・ボランはC・F・Gしか弾けなかったという伝説もあります。さらに、Cだけ弾ければ何とかなる「Tomorrow Never Knows」（ミスチルのじゃなく、ビートルズの方）とか、Eだけでいけるゲス・フーの「アメリカン・ウーマン」とか、昔は、超簡単な曲がたくさ

③
そこを何とか。
ぜひお願いします。
④
しょうがないなあ。
ポロロン♪

これだけ段取っておけば、
ギターは多少ヘタでも女は喜んでくれる。

んあったものです。

ところが、1990年代以降、日本のポップミュージックは、小室哲哉《こむろてつや》にしてもドリカムにしても、サビで必ず転調するようになり、そうなると覚えなきゃならないコードが激増し、とても素人がギターで弾けるものではなくなってしまいました。最近でも、星野源《ほしのげん》の曲なんか、ちょっと聴くとシンプルそうなのに、コードはクラクラするくらい複雑。道理でギターを弾く若者が減るわけです。

実は**最新の曲でも、簡単に弾けるジャンル**があります。それは洋楽です。現在のアメリカのヒット曲の多くは、単純なコードの繰り返しのループ・ミュージック。ジャスティン・ビーバーの「What Do You Mean?」も、テイラー・スウィフトの「Mine」もコードは4つだけですし、ブルーノ・マーズの「Marry You」は3つだけ（これは「君と結婚したい」という歌なので、不倫のオッサンは歌わない方がいいでしょう）、同じブルーノ・マーズの「Uptown Funk」は、DmとGだけで何とかなっちゃいます。

え、何？ オッサンが最新の洋楽を弾いたら引かれるだろう、ですって？ だったら、西野《にしの》カナはどうです？「トリセツ」なら4つでいけますよ。え？ オッサンが西野カナなんか弾き語りしたらもっと引かれる？ ふむ。だったらもう昔のフォークでいいじゃないですか。ボブ・ディランの「風に吹かれて」は（今、弾くとウケますぜ〜）、C・F・C・G7の繰り返し。吉田拓郎やチューリップも、コード6つで何とかなります。

歌の伴奏だけじゃギターを弾ける感じがしない、とおっしゃるなら、「リフ」（繰り返すフレーズ）をひとつだけ覚えて徹底的に練習し、取りあえず、ギターを手にしたとたん、それだけ最初にかましてみてください。これだけでもう相手の女は恐れ入りますから、後は虎の子の6コードだけで十分乗り切れます。

ところで、女子の前でギターを弾くときは、**初めから嬉《うれ》しそうに弾いてはいけません**。世の中には、ギターを置いているバーやカラオケBOXがちょいちょいありますが、そういう店に行っても、最初の3回はギターをチラ見するだけで弾かず、4回目で初めて弾いてください。又は、114～115ページのイラストのように充分に段取ってからにしてください。サーフィンにしても英語にしてもギターにしても、技を見せるときは、謙虚さが必要であるということをお忘れなく。

オッサンがモテるための48の秘訣

㉘ Fのコードは人差し指で6弦全部を押さえなくても太い方の2弦さえ弾かなければド・ファ・ラの音は出る。

㉙ マスターすべきコードはC・F・G・D・Em・Am・G7の7つだけ（ビートルズの曲なら8割はC・F・Gで乗り切れる）。

㉚ ギターを弾くのを勧められても始めから弾かない。何度も断り謙虚な態度で弾き始める。

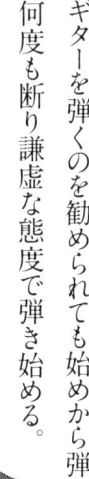

第11章

日本酒で口説く

日本酒は、10年前から欧米で人気に火がつき、輸出額はこの10年で約3倍。ブームは日本にも逆上陸し、最近はただの居酒屋が「日本酒バル」と名前を変え、あちこちに新店が増殖中。日本での小売り値が1万円前後の日本酒が、海外では関税の関係で三つ星店で飲むと10万円くらいしており、外国人が日本に来て日本酒の値付けを見ると、涙を流さんばかりに喜ぶといいます。

女を口説く上でも、日本酒はありがたい酒です。**第一に値段の上限が知れています**。第二にほかの酒に比べて糖分の多い甘い酒なので、ムリに勧めなくても**女はクイクイ飲んじゃいます**。第三に、アルコール度は最低でも15%（ワインは12%前後）と結構強いので、**女はすぐ酔っちゃいます**。どうです。こんな都合のいい酒、ほかにないでしょう。今回はそんな口説きのための酒、日本酒の話です。

日本酒は、米と米麹《こめこうじ》と水だけで造る「純米《じゅんまい》酒《しゅ》」、少量の醸造アルコールを加える「本醸造《ほんじょうぞう》」、多量のアルコールを加えたり糖で味を補ったりする「普通酒」、の3つに分類され、特に断りがなければそれは「普通酒」。コンビニで売られている紙パックの日本酒はみんな普通酒です。昔は、「日本酒は悪酔いする」といわれていましたが、それは普通酒でも質の悪いやつの話で、純米・本醸造を飲んでいる分には、悪酔いは決してしません。

もうひとつ、精米歩合による分類もあります。米粒の表面は、雑味を含んだ糠《ぬか》層に覆《おお》われているため、我々が毎日食べている白米は、表面を8%ほど削ってあるのが普

日本酒をグイ呑《の》みで飲むと、こぼさぬよう姿勢がうつむきがちですが、脚つきのグラスで飲むと、アゴが上がって鼻腔《びこう》が開き、しかもグラスに鼻を突っ込むことになるので、100%香りを愉《たの》しむことができます(気分は出ませんけどね)。

通。米の表面を削る作業を精米と呼び、8％削った場合、精米歩合は92％。この数字は小さければ小さいほど、精米が進んでいることを示します。

精米歩合は、本醸造で70％以下、吟醸《ぎんじょう》で60％以下、大吟醸《だいぎんじょう》で50％以下、と決められていて、精米を進めれば進めるほど、できる日本酒はフルーティーになり、香りも立ちますが、逆に味は失われていきます。それでも最近は、各酒蔵が米からどれだけフルーティーな酒を造れるかを競って米を削っており、たとえば人気の「獺祭《だっさい》」は、中心の心白部分が大きいブランド米・山田錦《やまだにしき》を、「三割九分」(商品名です)で39％、「二割三分」で23％にまで削っています。これほどの大吟醸になると、フルーティー過ぎて料理にはあまり合わず、**飲むのは最初の乾杯のときだけ**、というのが正解です。

ちなみに獺祭は、フルーティーで、ワインを飲み慣れた人が初めて飲む日本酒としてうってつけ。そのため、世界的人気になっています。初心者の女子に飲ませるにも、この酒が最適でしょう(もうひとつ、最近よく、お店に置いてある「紀土《きっど》」という銘柄も、料理にはあまり合いませんが、初心者女子にはお勧めです)。ただし、昔からの日本酒好きは、「**山田錦を23％まで削ってどうすんのよ**」と言っており、高級割烹《かっぽう》で獺祭の「二割三分」を飲みながらこの台詞《セリフ》を口にすると、かなり通《つう》っぽいので、ご活用ください。

ところで、日本酒には辛口・甘口という分類もあります。酒でいう「辛い」とは、アルコールの刺激のこと。「甘み」は味ですが、「辛み」は舌の痛み。ですから、辛くて甘い酒というのもありえます。実は、日本酒でいう「辛い」ほど曖昧《あいまい》な評価はなく、100人にアンケートをとっても結果はバラバラなもの。

それに比べ、はるかに明確なのが、「スッキリ↔旨味がある」の評価軸です。「スッキリ」とは、水みたいにさらっと飲める酒、「旨味がある」とはアミノ酸が多く含まれた酒のこと。スッキリ系の代表が「久保田《くぼた》」「八海山《はっかいさん》」、旨味系の代表が「天狗舞《てんぐまい》」「菊姫《きくひめ》」。日本では最近、とみにスッキリ系の酒の人気が高まっています。

江戸時代の日本酒は、蒸した米を櫂《かい》で練《ね》り潰《つぶ》しながら、天然の乳酸菌《にゅうさんきん》をとり込み、その乳酸菌が生成する乳酸で雑菌の繁殖を抑え、酵母だけを培養して造られていました。櫂で米を練る作業を「山おろし」といい、これで造られる酒の素を「生《き》酛《もと》」といいます。やがて、明治時代になって、山おろしをしなくても乳酸菌を育てる方法が開発され、「山おろしを廃止した」という意味で「山廃《やまはい》」と呼ばれるようになります。さらにその後、乳酸菌を育てるのではなく、後から乳酸そのものをぶち込むことで、作業も期間も大幅に短縮した「速醸《そくじょう》」という方法が開発され、今、特に断りがない限り、ほとんどの日本酒が速醸で造られています。

生酛も山廃も、速醸に比べるとア

「山おろし」の作業

昔ながらの「山おろし」。この作業を長時間経て造られる酒は、今も「生酛《きもと》」の名で販売されています。素人には「生酛」と「山廃《やまはい》」はほとんど味の区別はつきません。

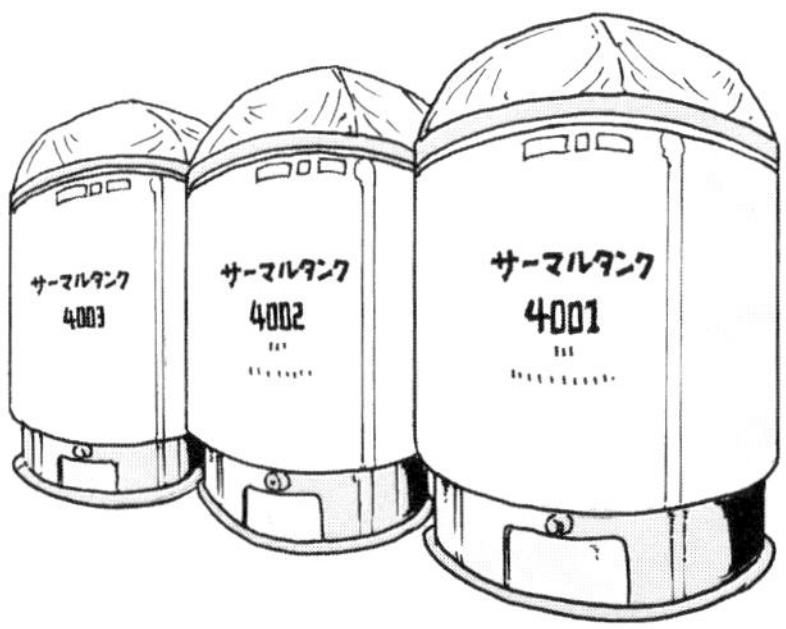

速醸酛《そくじょうもと》のタンク

後から乳酸を添加して酒母《しゅぼ》を作る「速醸」用タンク。手間と時間をかなり省略した造り方ですが、淡麗・スッキリ系の日本酒を造るなら、この方法です。

「山廃」の「暖気《だき》」入れ

「山おろし」を省いたのが「山廃」ですが、「暖気」と呼ばれるステンレス製タンクを何度も入れて温度を調節したり、かかる時間は「生酛」とさほど変わりません。

ミノ酸が多く生成されるので、旨味が感じられるのが普通。そして前述の「天狗舞」「菊姫」は、山廃造りの代表的な銘柄。「天狗舞」を飲みながら「**やっぱ旨味が違うね**」といえば、店のヒトから、こいつわかってるな、と一目置かれるはずです。

ワイン同様、日本酒にも「熟成」という概念がありますが（前述の「山廃」など、じっくり寝かせた方がおいしくなる酒といわれています）、その

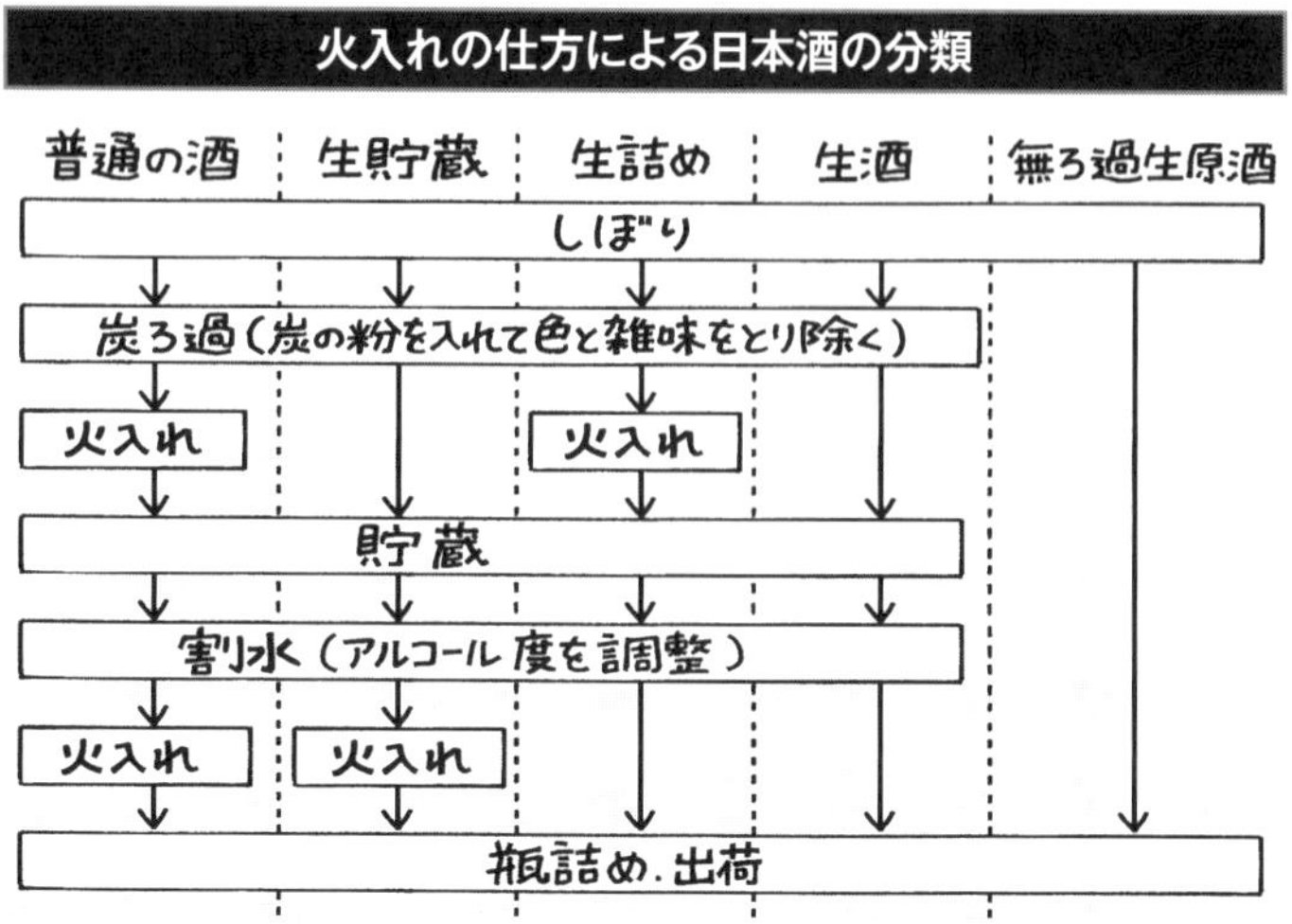
火入れの仕方による日本酒の分類
普通の酒
生貯蔵
生詰め
生酒
無ろ過生原酒
しぼり
炭ろ過（炭の粉を入れて色と雑味をとり除く）
火入れ
火入れ
貯蔵
割水（アルコール度を調整）
火入れ
火入れ
瓶詰め．出荷

【加熱】
（一度瓶につめて湯煎するのが一般的）

【ろ過機】

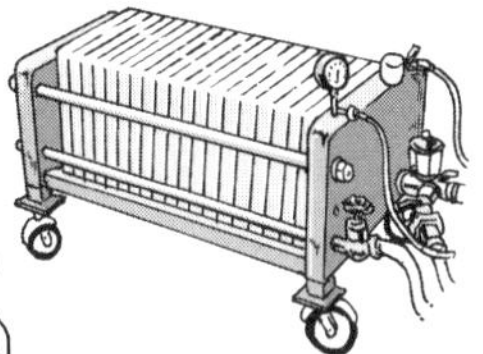

日本酒は通常、活性炭《かっせいたん》でろ過し、火入れ（加熱）し、貯蔵し、水でアルコール度を調節し、もう一度火入れして、瓶につめて出荷します。貯蔵前の火入れはしないけど後はする酒を生貯蔵《なまちょぞう》、前はするけど後はしない酒を生詰《なまづ》め（別名、冷《ひ》やおろし）、2回とも火入れしない酒を生酒《なまざけ》、ろ過も加水もしない酒を無《む》ろ過《か》生原酒《なまげんしゅ》といいます。火入れすればするほど劣化が遅くなり、常温保存が可能になります。また、冬場に仕込んだという意味の「寒仕込《かんじこ》み」という言葉もありますが、日本酒は本来みんな寒仕込みです。

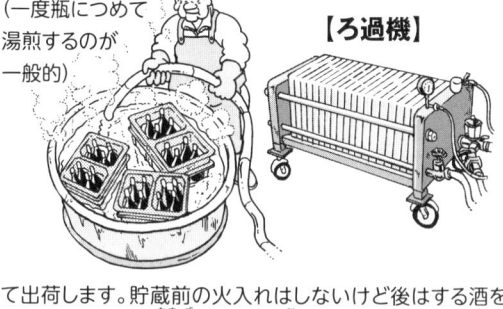

反対語として、「老《ひ》ねる」という言葉があります。「老ねる」とは、悪い状態で年を経た、というほどの意味。

昔、蔵まで行かなければ飲めなかった「生酒」(右ページ図参照)が、今は冷蔵運搬のおかげでどこの店でも飲めるようになっていますが、この生酒、流通過程で一度でも温度管理を怠《おこた》ると、すぐ老ねてしまうので、どんな生酒も、ちょっとは老ねているもの。生酒を飲んで「**あれ、これちょっと老ねてない?**」といえば、店の人をビビらせることができます。

また、冬は燗酒を飲む機会も多いと思いますが、燗酒は必ず「ぬる燗」を注文してください。ぬる燗は温度調節が難しい上、いい酒でするものなので(安物の酒はキンキンに熱して味をゴマかすものです)、これも、通の雰囲気を醸すことができます。

以上をマスターすれば、あなたも立派な日本酒通。若い女の前で日本酒通を演じ、今年の冬、どんどんモテてください。

オッサンがモテるための48の秘訣

㉛ 今どきはワインより日本酒の方がモテる。

㉜ 「天狗舞」か「菊姫」を飲んだときは「やっぱり旨味が違うね」と言う。

㉝ 生酒を飲んだときは「これ少し老ねてない?」と言って店の人をビビらせる。

第12章

正月を乗り越える

「どんな男も、何故《なぜ》かお正月だけは家に帰ります……残された女はひとりで部屋の中でじっとすごさなあきまへん。思いつめてしまうんどすなぁ」とは、『課長 島耕作』に登場する祇園《ぎおん》の元芸妓《げいぎ》のかつ子さんの台詞《セリフ》*。そう。不倫オヤジにとって、正月は最大のピンチ。何しろ、オッサンが普段ついている「オレ、女房とうまくいってないんだ」というウソが、正月は家族と過ごすことで白日の下にさらされてしまう上、仮にそこをウソの上塗《うわぬ》りで乗り切ったとしても、日本人には何かにつけ新年の誓いを立てる習性があるため、相手の女は初詣《はつもうで》に行った神社で、「今年は人に言えない恋愛はやめます」と神様に誓っちゃったりするのですから（驚くほどみんなこう誓います）。

今回は、そんな正月をいかに乗り越えるか、について考察してみましょう。

単純な話、W不倫なら、片方が一方的に孤独を感じることはないので、正月を越えるのも簡単です。が、実際の話、W不倫はなかなか難しい。

*『課長 島耕作』⑤（弘兼憲史／講談社）

国立社会保障・人口問題研究所の第14回出生動向基本調査によれば、18〜34歳の独身者で彼女がいない男の比率は61・4％。一方、彼氏がいない女の比率は49・5％。言い換えれば、彼女がいる独身男性は10人中約4人。彼氏がいる独身女性は10人中約5人。この4人と5人の差は、いったい何なのでしょう？　ヤリチン男が二股《ふたまた》かけまくっているという見方もありますが、今の若い男は、基本、性欲に乏《とぼ》しく恋愛を面倒臭がる傾向にあります。とすれば、この数字が意味するのは、**独身女性の5人にひとりが既婚男性とつき合っている**、ということ。

この数字はその3年後、相模《さがみ》ゴム工業が発表した、「妻ないし交際相手がいるのに別の女とつき合っている男は26・9％、別の男とつき合っている女は16・3％」という調査結果ともピッタリ符合します。つまり、日本の不倫は、既婚男性と、既婚男性を唯一の彼氏とする独身女性、というケースが圧倒的に多いのです。

そういうケースの中でもとりわけ危険なのが、オヤジ一途の不倫初心者が初めて迎える正月です。そういう女性は、実家に帰ると親から「あんた、何で結婚しないの」と責められてウザいし、正月休みの間、もしかしたら、彼とちょっとでも会えるんじゃないかという期待を抱くため、たいていの場合、正月を自分の部屋で迎えるといいます。

そして、多くの場合、大晦日《おおみそか》は女友だちと集まって鍋をつつき、酔っ払ってポロッと「**よくないことだってわかってるんだけどぉ～**」とか言いながら不倫の話を切り出し、女友だちから「**そんなのクソだよ、早く別れな**」と激しく責められ(我々は知らないところで大晦日にクソ扱いされているのです)、前述の誓いに至ってしまうわけです。

不倫女子の正月は、別れる要因だらけ

女友だちは、不倫を打ち明けた娘には100%「早くやめちゃえ」といいます(応援するよという女はひとりもいません)。

彼女の周りには、正月に「不倫はもうやめよう」と決意する女を狙《ねら》って、たなぼたゴールを目指す若者が必ずいます。

でも、だからといって不倫初心者の彼女をひとりにしてはおけないと、正月、実家に連れて行って親にまで紹介しちゃったりするとどうなるかは、川谷絵音《かわたにえのん》くんが証明して見せてくれた通りです。

かかる事態に対し、オッサンが打てる唯一の手は、1月1日の午前0時になったとたん、彼女に「LINE」で「愛してるよ」というメッセージを送ること。ただし、妻と子供がいる団らんの中で、不倫相手に「LINE」を送るのは、中学校のサッカー部がイタリア代表から1点とるより至難の業。何しろ妻は、こいつ新年になったとたん、浮気相手とコンタクトするんじゃないかと、ディフェンスを最大限固めているわけですから。

「LINE」にはパソコンから文章を送れるアプリがあるので、パソコンに強い方なら、あらかじめ用意したメッセージを0時キッカリに送るスクリプトを書くことも可能でしょう。が、そんなことをしても、彼女から来る返事（確実に来ます）にすぐに対応できないので意味がありません。では、どうすればいいか？　紅白歌合戦を観ながら、9時を過ぎたあたりから「これがヒゲダンか。ボーカルの子、何歳だろうね？」などと、**妻が関心を持ちそうなことをしきりとスマホで検索しまくり**、0時になったら「『ゆく年くる年』って何年前から放送してるのかなぁ」かなんか言って、また検索し、その隙《すき》にメッセージを送る――これしかありません（次ページマンガ参照）。「LINE」は彼女から返事が来ると「ピロリン」と音がしてしまうので、通知音を切っておくこともお忘れなく。

さらに、1月2日に専務の家に年始の挨拶に行くと言って家を出て、30分でもいいから時間を割《さ》いて彼女に会う――これも重要。不倫女子にいわせると、時間は短くても、ムリして会ってくれたという事実が残るので有効なのだそうです。

①不倫オヤジは、大晦日は9時を過ぎる頃から、何かとスマホで検索し始める。

②午前0時になったら、検索するフリをして、用意した文面を「LINE」で彼女に送る。

③彼女から返信があっても、あわてず、再び検索するフリをして対応。

④最後にスマホを絶対バレない場所に隠して、終了。

「プロ不倫彼女」の特徴

オフィスでは、しばしば人待ち顔でひとりで残業。（これで罠《わな》を張っているのか？）
ベチョー
アヒージョの油が残っていると、バケットを追加注文してつけて食べる。（残り物は無駄にしない）
私ってこういう人だから。
恋人がいないって考えられない。
顔はほどほどに美人
多少小太りでも
パッツンパッツンの
ミニスカート。
（基本、服装はちょいダサ）
あっ、ごめんなさい
あ。
そして口癖はこれ。
こっちから脚が触れたのに、向こうから「ごめんなさい」と謝ってくる。（とにかく愛想がいい）

W不倫はムリだが不倫処女も避けたい、という方は、「**プロ不倫彼女**」を狙うしかありません。一度不倫した女性は、不倫癖がつく傾向にあるため、世の中には、オッサンがムリして温泉個室露天風呂をとっても「ああ、ここね」という顔しかしない不倫慣れした「プロ不倫彼女」が大勢います。

女子たちにいわせると、そういう女性は、顔はそこそこ美人で（美人度が高いと、自分を高く売る術《すべ》を心得ているので不倫には走りません）、30代でも40代でも冬でもデブでもパッツンパッツンのミニスカートを履《は》き、女同士では絶対に行かない高い店をよく知っていて、道路にも詳しくオフィスの廊下では新入社員でもないのに誰にでも愛想よく「こんにちは」と挨拶してくるので、すぐに判るといいます（ついでにいうとインタビューしたある女性の経験では、慶応出より早稲田出の女が多いそうです）。

こうした女性は正月は女友達と、とっとと海外に行ってしまい、滅多《めった》なことでは例の新年の誓いを立てたりはしません。不倫初心者のご同輩は、そういう女性とつき合うよう心がけてください。

オッサンがモテるための48の秘訣

㉞
大晦日午前0時が近づいたら、
妻が関心を持ちそうなことを
しきりとスマホで検索しまくり、
隙をみて、新年のメッセージを彼女に送る。

㉟
正月明けは少しの時間でも割いて、
相手に会おうとする姿勢を見せる。

㊱
それが無理なら不倫癖のついた
「プロ不倫彼女」を探す。

第13章

英語でモテる

日本を訪れる外国人観光客の数は、この5年で2倍以上。都会には、店員が全員外国人というレストランやバーが続々誕生しており、日本にいても外国人と英語で話す機会は、急増しています。来年は東京オリンピックが開催予定です。

第10章で、日本4大モテ男は、①楽器が弾ける男、②サーフィンができる男、③料理の上手《うま》い男、④英語がペラペラの男、の4人という話をしましたが、我々が若い女性にアンケートをとると、この中で**モテ度がダントツ1位なのは英語ができる男**です。英会話こそモテへの最短距離。今回は、初心者でも英語がペラペラに見える、とっておきの秘訣《ひけつ》をお教えしましょう。

英会話教師たちは口を揃《そろ》えて「日常会話は中学校英語で十分」といいます。つまり、我々は英語で日常会話ができるはずなのです。なのにできないのはなぜか？　理由はふたつあります。

同じ文章でも、うつむいてブツブツ言うのと、
胸を張って大声で言うのでは、伝わり方が違います。

ひとつは、日本人は生来内気な性格なので、英語をしゃべろうとすると、どうしてもうつむきがちになり、モゴモゴと口ごもってしまうから。要は度胸が足りないのです。**胸を張って、口を大きく開いてしゃべるだけで、英語がペラペラな雰囲気を醸《かも》すことができます。**

もうひとつは、日本人は文法教育の弊害で、正確な文法でしゃべろうとするから。アメリカ人は誰も文法を気にしてしゃべってなんかいません。たとえば「出身はどこ？」と英語で訊《き》く場合、日本人は「Where are you from?」という教科

飲食店で英語がペラペラなふりをする方法 ①

① アメリカ人の店員に出身を訊《き》く。

② アメリカ人なら必ず州で答えるので…

書的文章を思いつきますが、実際は「are」を省略し、「Where you from?」で十分。極論すれば、その方がネイティブっぽいとすらいえます。ネイティブの脳には自動修正装置がついているので、「are」は言わなくても聞こえちゃっているんです。同様に「三単現のs」や「過去完了形」も、間違って言っても向こうの頭の中で自動的に修正してもらえます。

そもそも4単語以上の長い文章は、発音よくスラスラつかえずに言わないと、馬脚を現します。たとえば、外国人だらけのバーで連れの女のコが外国人からナンパされたとき、あなたなら何

③ ただ意味なく
その州の名前を復唱する。

④ それだけでもうあなたは
ペラペラな感じです。

ていいます？　最も適切な言い方は「She's with me!」（俺の連れだ！）です。簡単でしょう？　とにかくややこしい単語は使わず、できるだけシンプルに言う。ぶっちゃけ、**口にする文章は3単語以下に限る。**これがもうひとつの秘訣です。

シチュエーションを、女のコと一緒にアメリカ人の店員がいる飲食店に行った場合に限って、英語がペラペラに見えるコツをお教えしましょう。

飲食店で英語がペラペラなふりをする方法 ②

① 連れの女がよそ見している隙《すき》に、
こっそり鼻にコヨリを入れる。

② クシャミをする。

まずメニュー選び。アメリカ人の店員が横にいると、普通アセりますよね。このとき、メニューを見て黙ってないで、とりあえず「**ア〜ン**」と言ってください。「ア〜ン」は立派な英語です。注文前に「ア〜ン」と言うだけで、英語がしゃべれる雰囲気を醸し出せます。「ア〜ン」につづけて「ユーノウ（You know）」と言ってみるのもいいでしょう。「ユーノウ」は、日本語の「つーか」と同じ感じの、何の意味もない繋《つな》ぎの言葉。文章の頭につけてもいいし、途中で言ってもいいし、とにかく万能の間投詞です。間が持てなくなったら、織り交ぜてください。

③ 隣の客がアメリカ人なら、
必ず「Bless you !」と
声をかけてくるので、

④ すかさず「Thank you !」と
いえば、あなたはもう
ネイティブスピーカー。

メニューを見てもチンプンカンプンなときは、とりあえず「What's your recomendation?」（オススメは何？）と訊いてください。相手は立て板に水のごとく英語をまくしたてるでしょうが、ご心配なく、レストランでいきなり客に、地球温暖化問題を語るウェイターはいません。相手がしゃべっているのは、所詮《しょせん》料理の説明です。とりあえず「Right.」と言っておけば大丈夫。「Right.」は、日本語の「ふ〜ん」に当たる、否定でも肯定でもない最も当たり障りのない相づちです。オーダーに時間が欲しいときは「Just a minute.」、相手の言ったことがわかったら、「クール！

(Cool!)」(「いいね」)と言い、決めたら「I'll take it!」と言ってください。肯定の返事をするときは、「Yes!」の代わりに「Why not?」と言うと、英語の達人っぽいです。

ソムリエがワインのテイスティングの後で、感想を求めて来たら、答えは「ワンダフル」で充分ですが、もう少しモテようと思ったら、「ワンダフル」の類語を言ってみてください。たとえば、「magnificent」「marvelous」「fabulous」「splendid」「extraordinarily」「spectacular」等々。より上級っぽく聞こえるのが、「ビューティフル」の類語です。たとえば、「charming」「elegant」「lovely」「gorgeous」「graceful」。これらの単語を口にすると、ある種の比喩《ひゆ》を言っていることになるので、ワインの感想としては、ツーランク上な感じがします。さらに、英語の達人を装うなら、「Damn good!」(クソ美味いぜ!)と言う手もあります。六本木の「ルビージャックス」というアメリカ人の店員だらけのステーキハウスで、ワインのテイスティングの後、こう言っ

てみたら、店員がバカウケしていたので、この言い回しは本当に使えます。

ほかにも、「わかりました」は「I understand.」より「**I got it.**」。帰りがけ「Have a good evening!」といわれたら「**You, too!**」(「キミもね」の意)、「See you again!」といわれたら「**love to!**」(「ぜひ」の意)——たったこれだけを覚えているだけで、あなたはもう英語の達人です。

最後に、今なら、アメリカ人の店員に「You have a terrible president?」(「君の国の大統領はひどいね」)と話しかけると、日本に来ているアメリカ人でトランプが好きな奴《やっ》はひとりもいないので、悪口をガンガン言い始めます。トランプの悪口をべらべら語るアメリカ人に対して、「Right.」「Right.」と相づちを打っているあなたを見れば、彼女は改めて惚《ほ》れ直してくれるに違いありません。

オッサンがモテるための48の秘訣

㊲
英語は胸を張って大声でしゃべるだけで、ペラペラな雰囲気を醸し出せる。

㊳
ネイティブの脳には自動修正機能がついているので、正確な文法は必要ない。

㊴
レストランでメニューを選ぶときはまず「ア〜ン」。ときどき「ユーノウ」。料理の説明には常に「ライト」と答え、肯定の返事には「イエス」ではなく「ホワイ ノット」。

第14章

温泉でモテる

小説でも映画でも、昔から、不倫カップルは温泉に行くものと相場が決まっています。渡辺淳一《わたなべじゅんいち》の『失楽園』の主人公のふたりは、つき合って間もなく伊豆の修《しゅ》善寺《ぜんじ》温泉に行きましたし、不倫ではありませんがドラマ『逃げるは恥だが役に立つ』の**ガッキーと星野源《ほしのげん》も、入籍前に人目を忍んで修善寺に**出かけていました。そもそも、修善寺温泉とか城崎《きのさき》温泉（野々村《ののむら》元県議が100回以上通った兵庫県の北の温泉）とかいった温泉地では、ワケあり風カップルの女性には、仲居さんが「奥さま」とは呼びかけないという不文律があり、町をあげて不倫カップルに気を遣ってくれています。

今回はそんな不倫の頼もしい味方、温泉について考えてみたいと思います。

オッサンはなぜ女と温泉に行きたがるのか？ それは温泉に行くと必ず1泊になるからであり、必ずふたりで裸で風呂に入るから。つまり、エッチに直結するか

伊豆半島の山間の「**修善寺温泉**」は、娘が親を連れて行きたい温泉No.1。南下すれば天城峠《あまぎとうげ》。矢印がドラマ「逃げ恥」に登場した「**宙 SORA 渡月荘金龍**《とげつそうきんりゅう》」です。

ら、ですよね。そしてどうせ行くなら、各部屋に露天風呂がついている個室温泉旅館が理想でしょう。でも、ちょっと待って！ここで今一度、温泉というものを考えてみましょう。

今日、日本の温泉街の多くは、規模が大きくなり過ぎて湯量が不足しているため、一度使った湯を濾過《ろか》・殺菌して再び湯船に戻す「**循環方式**」をとっています。温泉の湯は地表に湧出《ゆうしゅつ》した瞬間から劣化が始まるため、鮮度が命。ところが、「循環方式」では湯の鮮度が著しく落ちる上、濾過するたびに温泉独特の匂《にお》いや色が消えてしまい、極端にいえば、プールに入っているのと同じになってしまいます。

それに対し、常に新しい湯を供給する温泉は「**かけ流し**」といいます。湯船から湯が常に溢《あふ》れているような温泉はだいたい「かけ流し」。中でも、湯に水を加えたり沸かし直したりしていない温泉は「**100%源泉かけ流し**」といいます。

そして、ここからが問題ですが、**部屋付き露天風呂の湯はほぼ循環**と思って間違いありません。下手したら、水道水を沸かしたただの湯だったりするところもあります(法律上、温泉は、源泉が0・1%で、あとから99・9%加水していたとしてもOK)。従って、露天風呂付き個室温泉旅館というのは、温泉マニアにとっては、論外。世の中には温泉マニアの女子も多く、そういうコを露天風呂付き個室温泉旅館なんかに誘おうものなら、「私が循環方式で満足すると思う?」などと言われ、あからさまにバカにされてしまいます。

長野県・**渋《しぶ》温泉**の「**金具屋《かなぐや》**」は、1936年に釘《くぎ》をほとんど使わない軸組《じくぐみ》工法で建てられた旅館建築の総決算。たしかにジブリの「油屋」に似てます。

では、どこに行くべきか？ 部屋に露天風呂がついていなくても、女子が喜ぶ温泉旅館はたくさんあります。

たとえば志賀《しが》高原の麓《ふもと》の渋《しぶ》温泉の「金具《かなぐ》屋《や》」（イラスト参照）。この旅館は、国の有形文化財に指定されている1936年竣工《しゅんこう》の木造4階建てで、1950年以後、新築の木造4階は認められなくなったため、もはや建てようと思っても建てられない建物。

そしてその外観は、デジャヴューのようにどこかで見たことがある景色。そう、ジブリ・アニメ**『千と千尋の神隠し』に登場する「油屋」にソックリ**なんです。

そのためこの旅館は「女子が行きたい温泉

群馬県・法師《ほうし》温泉の「長寿館《ちょうじゅかん》」の建物は、築100年以上の有形文化財指定。湯は足元湧出泉《あしもとゆうしゅつせん》(底は砂利《じゃり》敷き)。映画やCMのロケにしばしば使われています。

旅館」ランキングで常に上位。貸し切りにできる、「100%源泉かけ流し」の風呂が5つもあり、不倫目的でも十分使えます。

もうひとつ、群馬県・四万《しま》温泉の「積善《せきぜん》館《かん》」も、制作前に宮崎駿《みやざきはやお》が逗留《とうりゅう》したため、「油屋」のモデルといわれている旅館です。こちらも湯は100%源泉かけ流しで、本館は、江戸時代に造られた日本最古の木造温泉建築。その風格はハンパありません――と、プレゼンすれば、女子は必ず行きたいと言うはずです。

鮮度だけでいえば、ベストは、湯が湧出する場所の上にそのまま湯船を置いた**足元湧出泉**です。足元湧出泉は、漁船の上で食べる魚と同じで、鮮度100%。入ったときのキモチよさが違います。日本全国に数十宿程度しかなく、希少性も魅力です。

関東で最も有名な足元湧出泉は、群馬県の法師《ほうし》温泉でしょう（右ページイラスト参照）。上越新幹線で東京から1時間あまりの上毛高原《じょうもうこうげん》駅から車で40分。宿は「長寿館《ちょうじゅかん》」という旅館ひとつだけですが、これまた国の有形文化財の1895年竣工のひなびた建物。もちろん混浴で、湯は透明。**小タオルすら湯船に入れることが許されず、一緒に行った女のコの裸はまる見え**。それでも、あまりに風情があるため、女子は入らずにはいられない、魔法のような温泉です。

温泉の泉質は、10種類に分類されます（次ページ表参照）。この分類はよく変わるので覚える必要はありませんが、炭酸水素塩泉・硫酸塩泉・硫黄泉の3つは、肌

掲示用泉質名	特　徴	代表的温泉
単純温泉	含有物が少ない。 アルカリ性なら肌スベスベ	箱根湯本 （神奈川）
塩化物泉	湯冷めしにくい、肌にべとつく感じ	熱海《あたみ》（静岡）
炭酸水素塩泉	肌スベスベ（昔の分類で言う重曹泉）	龍神《りゅうじん》（和歌山）
硫酸塩泉	無色透明。効能が多く「温泉の横綱」とも	法師（群馬）
二酸化炭素泉	気泡が肌につく爽快感のある湯	長湯《ながゆ》（大分）
含鉄泉	空気に触れると赤褐色に。保湿性が高い	有馬（兵庫）
酸性泉	皮膚病に効果大。ただし肌の弱い人は注意	草津（群馬）
含ヨウ素泉	空気に触れると黄色に。非火山性温泉	青堀《あおほり》（千葉）
硫黄泉	白濁と卵の腐った臭いでおなじみの湯	万座（群馬）
放射能泉	微量の放射能は免疫細胞を活性化	三朝《みささ》（鳥取）

がスベスベになるので「美人の湯」と呼ばれることが多い、ということだけ頭に入れておいてください。

「日本三大美人の湯」は、群馬の川中温泉、和歌山の龍神温泉、島根の湯の川温泉の3つ。言った者勝ちなので、この3つがなぜ三大美人の湯なのか根拠はありませんが、専門家の誰もが効能を認めているのは、スキーでおなじみ群馬の万座温泉です。万座は、白濁した硫黄泉。硫黄泉は硫黄成分が1キログラムあたり2ミリグラムあれば硫黄泉と認められるのですが、万座の湯は300ミリグラム以上あって、濃度は日本一。入れば、肌が石鹸《せっけん》の泡が全然立たないのが**酸性泉**。

白く濁った湯は**硫黄泉**。

泡がまとわりついて血管を拡張し血行をよくしてくれるのが**二酸化炭素泉**。

肌がスベスベになるのは、アルカリ性の強い**単純温泉**か**炭酸水素塩泉**。

スベスベになる上、漂白作用もある、究極の「美人の湯」です。「美人の湯に行かない?」という誘いは、微妙に女のプライドをくすぐるので、極めて有効です。

確実に女を温泉に連れて行きたければ、「温泉ソムリエ」の資格を取ることをお勧めします。この資格を持っていると、温泉に誘ったときの女子の反応が違うそうです。半日講習を受けるだけで誰でもとれる資格で、毎月どこかで講習をやっています。ネットでぜひチェックしてみてください。

オッサンがモテるための48の秘訣

㊵ 個室温泉旅館の部屋付き露天風呂の湯はほぼ循環方式の湯なので、温泉通の女には馬鹿にされる。

㊶ 行くなら「かけ流し」の湯が湧出する場所に、そのまま湯船を置いた足元湧出泉。

㊷ 半日講習を受けるだけでとれる「温泉ソムリエ」の資格をとってから誘う。

第15章

京都でモテる

今回は京都のお話です。京都は、米旅行雑誌「トラベル・アンド・レジャー」の世界観光都市ランキングで2年連続No.1に輝いた魅惑の古都。女なら、誰でも行きたい町です。しかも都合のいいことに、京都は古いものに価値があるので、若い女には年寄りほど京都に精通しているように見え、**我々ハゲデブも、京都旅行をエサに使えばいい女を釣り上げられる確率はそこそこ高い**と申せます。

京都には都合のいい点がほかにもたくさんあります。たとえば、京都でしか買えない高級品というものがないので（本当はいっぱいありますが、女は思いつきません）、買い物に金がかかりません。これが香港やハワイなら買い物で大変な出費になりますが、京都なら純粋に足代・宿代・食事代で事足ります。

さらに、京都の茶屋で芸妓《げいこ》と遊ぶオッサンは昔から全員妻帯者。京都の茶屋文化は不倫によって支えられてきました。ですから2016年、歌舞伎の八代目中村芝翫《なかむらしかん》（当時は橋之助《はしのすけ》）が、先斗町《ぽんとちょう》の芸妓との不倫で世間の袋叩《だた》きに遭《あ》ったときも、京都人はみんな「何が問題なの？」と思っていました。芝翫の妻、三田寛子《みたひろこ》も、マスコミの前でとりあえず怒ってはみせましたが、**京都生まれなので、本当は何を怒らなければ**

ばいけないのかよくわからなかったはずです。つまり、京都は不倫天国なのです。

昼間の観光はガイドブックで勉強するとして、不倫旅行はどこに泊まるべきか、を考えてみましょう。誰もが思いつくのは「俵屋《たわらや》」「炭屋《すみや》」「柊家《ひいらぎや》」の京都旅館御三家です。これらの老舗《しにせ》旅館は、京都の伝統ゆえ不倫に対して寛容で、秘密もしっかり守ってくれる

「**三嶋亭《みしまてい》**」は、明治6年創業の京都でも屈指の歴史を持つすき焼き店。町家風の建物は創業当時のままだそうです。本店所在地：京都市中京区《なかぎょうく》寺町三条下る桜之町《さくらのちょう》405 電話:075-221-0003

近年、京都に急増中の外資系ホテルの中でも最もゴージャスなのが2016年開業の「**フォーシーズンズホテル京都**」。敷地は妙法院という寺を囲んでいて、部屋からの眺めはまるで寺の中。所在地：京都市東山区《ひがしやまく》妙法院前側町《みょうほういんまえかわちょう》445-3

ので、不倫カップルも不安な思いをすることがありません。ただし、覚えておいていただきたいのは、日本旅館は**壁も扉も薄いので、エッチの声が周りに丸聞こえ**、ということ。イクときの声がデカい女は、口にタオルを噛《か》ませなければなりません。しかも、朝食の準備の音で早くから目を覚まされるわ、扉に鍵はかからないわ、仲居さんが布団を上げに来るわ、慣れない人間にとっては邪魔くさいったらありません。さらに、京都の旅館はたいてい夕食付きですが、この夕食が、実のところたいして美味《うま》

「**俵屋旅館**《たわらや》」は、スティーブ・ジョブズやデヴィッド・ボウイも定宿にした、1704年創業のセレブ御用達《ごようたし》旅館。サービスは世界一とも。宿泊料金はひとり5万円台から。所在地：京都市中京区 麩屋町通姉小路上る《ふやちょうどおりあねこうじのぼる》中白山町《なかはくさんちょう》278

くありません。

それでも、女はみんな日本旅館に泊まりたがりますから、一晩はこういった旅館を予約せざるを得ないでしょう。ですが今やあの「俵屋」でさえネットで予約できます（宿泊は夕食抜きの「片泊《かたど》まり」をお勧めします）。そして、旅程は必ず2泊にして、もう1泊は外資系ホテルに移り、思いきり声を上げてセックスを愉《たの》しんでください。今なら、2016年10月にオープンした「フォーシーズンズホテル京都」が、寺の境内の真ん中に泊まっているみたいで、お勧めです。

京都のもうひとつの魅力が「食」です。京都には半年先まで予約で満杯の人気懐石料理店がたくさんあります。が、懐石料理は、若い女の舌には、**セントラル・キッチンから配送されているかのごとく、どの店も同じ味に感じられる**ため、苦労して連れて行っても期待したほどの効果は得られません。そもそも半年前から不倫の計画を立てるなんて、現実的ではありません。

一方、京都は大学生の人口比が日本一高い学生の町（東京の18人にひとりに対し、京都は10人にひとり！）。市内には、学生相手のB級グルメの店がたくさんあります。ラーメンの「天下一品」も「餃子の王将」も京都発祥です。が、女を京都に連れて行って、よもや食事をラーメンと餃子なんかで済ませようものなら、血の雨が降ってしまいます。

では何を食べるべきか？　それは**ズバリ、肉です**。京都は山に囲まれた盆地ですから、魚料理より肉料理が美味いのも道理。周囲には近江牛《おうみうし》・松阪牛《まつさかうし》・神戸《こうべ》牛《ぎゅう》といったブランド牛の産地が多く、すき焼きや肉じゃが（京都発祥といわれています）等の牛肉料理が日本のどこよりも先に発達しました。市内には「三芳《みよし》」「ゆたか」「モリタ屋」「三嶋亭」（161ページイラスト）等、風情ある肉料理の専門店が数多くあり、こういった店なら、若い女も十分満足してくれるはずです。

牛肉だけじゃ飽きちゃう、と言うなら、水炊きの「鳥彌三《とりやさ》」や蕎麦の「にこら」といった町家造りの専門店はいかがでしょう。懐石に3～4万払うくらいなら、そういった店に行った方がコスパははるかに高いと申せます。

さて、京都の夜で欠かせないのが、茶屋遊びです。が、本当に茶屋遊びをするには紹介が必要ですし、知らなければならない作法がたくさんあり、さらに、祝

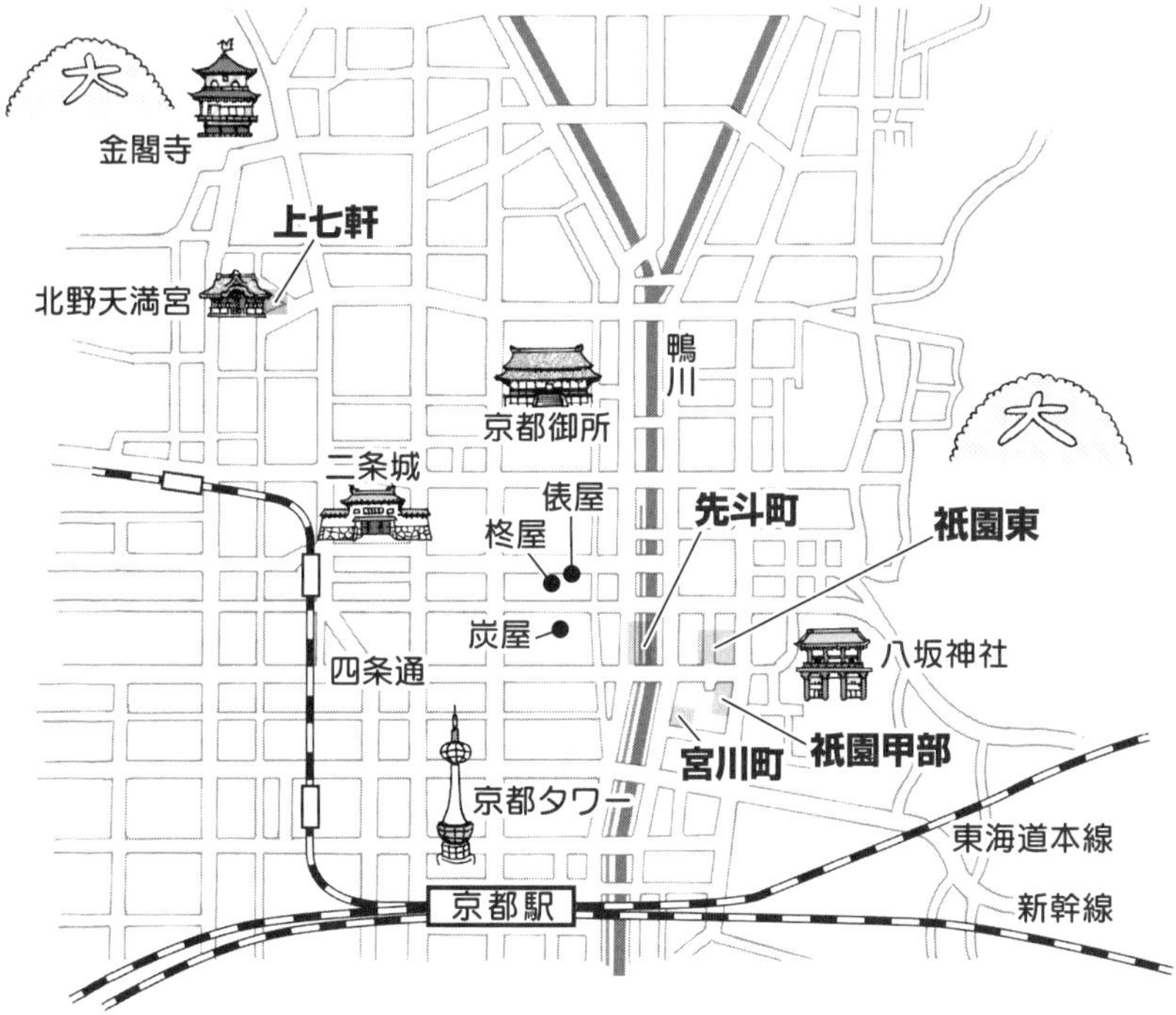
大
金閣寺
上七軒
北野天満宮
鴨川
京都御所
大
二条城
俵屋
柊屋
先斗町
祇園東
炭屋
八坂神社
四条通
宮川町
祇園甲部
京都タワー
東海道本線
京都駅
新幹線

MAPの上から下までで約6キロ(京都は案外狭い町です)。鴨川《かもがわ》の左に描かれた細い線が、左ページで紹介する花見スポットの「高瀬川《たかせがわ》」です。五花街《ごかがい》の町家には、茶屋直営の小さなバーがいくつもあり、運がよければ、常連サンに呼ばれた舞妓《まいこ》サンに出会えることもあります。

儀などでトータルするとかなりの出費になってしまいます。ここは、食事の前に花街を散歩して座敷に向かう芸妓サン・舞妓サンを見物し、さらに食後は、花街にたくさんある芸妓ＯＧがやっている町家バーに寄って、花街の空気を吸うだけにとどめておきましょう。

京都には、祇園東《ぎおんひがし》・祇園甲部《ぎおんこうぶ》・宮川町《みやがわちょう》・先斗町・上七軒《かみしちけん》という5つの花街があり（右ページのＭＡＰ参照）、一番賑《にぎ》やかなのは先斗町です。このうち、先斗町はギンギラギンに明るく、平時は通りを歩いているのは中国人観光客だらけで（中国人女性のレンタル和服の奇妙な着付けは、それはそれで見ものですが）、お勧めできません。散歩するなら、同じ高瀬川沿いで、四条通《しじょうどおり》より南のエリアがベスト。ここは古い町家が多く残っている上、3月末は絶好の夜桜スポット。また、五花街でいえば、鴨川の東の宮川町（芸妓のルックスのレベルが一番高いといわれ、テレビに出ているのはたいていここの舞妓）と、碁盤の目の左上にある上七軒（一番歴史のある花街）は、街並みも渋く、**薄暗いので彼女とのチュウを狙《ねら》うにはうってつけ**です。

オッサンがモテるための48の秘訣

㊸ 京都の老舗の日本旅館は壁が薄いので、エッチのとき、声に注意する。

㊹ 京都で食べるべきは懐石料理ではなく「肉」。

㊺ 夜、彼女と歩くなら高瀬川沿いの四条通りより南。

第16章

アートでモテる

美術館デートは、昔から不倫デートの定番中の定番。特に、向上心の強い「意識高い系」の女性は、誘いにホイホイ乗ってきます。しかもこのデートにはメリットがたくさんあります。

第一に、安上がりなこと。美術館の入場料は1500円前後。映画より安上がりに、ワンランク上のデートを演出することができます。

第二に、会話の必要がないこと。美術館では、おしゃべりが苦手なあなたでも十分、間が持ちますし、逆に、ベラしゃべりのあなたなら、黙って絵を見つづけることで、普段とは違う寡黙な姿を彼女に見せつけることができます（多くの女性が、普段は快活な男が黙り込んでいると、神秘性に強く惹《ひ》かれると証言し

「**岡田美術館**」はユニバーサルエンタテインメントの前会長・岡田和生《かずお》のコレクションをもとに2013年に箱根に作られた私立美術館。入館料が2800円と高いものの、足湯付きです（足湯のみは500円）。所在地:神奈川県足柄下郡箱根町小涌谷《あしがらしもぐんはこねちょうこわくだに》493-1

ています)。

第三に、性のモラルを下げられること。アートはそもそも、性のマグマの噴火口。画家は、ピカソだってルノワールだって、みんな女とやりまくっています。そうでなきゃ、裸の女をあんなにたくさん描きまくるはずがありません。アート鑑賞は、彼女のモラルの壁を打ち破り、不倫してエッチするなんて当たり前のこと、と思わせる上で確実な効果があります。

「**MOA**《エムオーエー》**美術館**」は世界救世教《きゅうせいきょう》の教祖・岡田茂吉《おかだもきち》のコレクションをもとに1982年に熱海に作られた私立美術館。施設内の「茶の庭」には和食甘味処の「花の茶屋」や本格的蕎麦屋の「そばの坊」も(いずれも営業は昼間のみ)。所在地:静岡県熱海市桃山町《あたみしももやまちょう》26-2

美術館での男の振る舞い方　その①

①普段はベラしゃべりのあなたでも、美術館に足を踏み入れたら、ピタリ沈黙。

②常に女の前を歩き(男が女より後ろを歩くとサマになりません)、

では、不倫デートではどんな展覧会に行くべきでしょうか?

現代アートはいけません。痛い感じになっちゃいます。オッサンが草間彌生《くさまやよい》なんか観に行ったら、痛い感じになっちゃいます。だいたい現代アートは、アニメとかをモチーフにしたりしていて若者寄りなので、若い女にマウンティングをとられちゃいます。

かといって、印象派の絵画展もいけません。印象派ファンには、やかましい世田谷のオバチャンが多く、そういう展覧会の会場は、香水臭い上にザワついて雰囲気がよくないからです。

今、若い女と不倫デートで行くのに一番いいのは、江戸時代の日本画・浮世絵です。我々オッサンと違って、

③彼女が自分を見ていると感じたら、
腕組みして難しい顔で絵を見てください。

④黙って絵に見入っている男の横顔を
見ると、女は全員キュンとします。

今の若者は西欧文化より日本文化の方がイケてると思っており、特に宇多田《うただ》ヒカルがPVのバックに若冲（「わかおき」と読むと死ぬほどバカにされる。「じゃくちゅう」です）の絵を使って以来、若者の間では長く若冲ブームがつづいています。若冲は、ポップな動物の絵とかが多いので、時代を超えてわかりやすいからでしょう。

若冲に次いで、最近注目されているのが、歌川《うたがわ》国芳《くによし》とその弟子の河鍋暁斎《かわなべきょうさい》です。彼らの展覧会は1年中どこかで開催されており、まずはそちらへどうぞ。

美術館デートで絶対にやってはいけないのが、ウンチクをたれることです。不倫に走る女は、男の話すウンチクに素直に「え～、そうなんですか～」といえないひねくれ者ばかり。素直にそれがいえたら、とっくに同世代の男を捕まえているはずです。喜んで聞いてくれるはずがありません。

そもそも絵を見るのに、ウンチクなんか要《い》りません。同じ絵を見て好きか嫌いかを言い合うだけで、ふたりの距離はぐっと縮まる——そこが美術館デートのいいところ。これが本当の彼氏彼女なら、好き嫌いのセンスが合わないと、ドラマ『東京タラレバ娘』の吉高由里子《よしたかゆりこ》と速水《はやみ》もこみちみたいに我慢できずに別れちゃうものですが、不倫カップルはお互い長くつき合うつもりがないので価値観を共有する必要がなく、心置きなく好き嫌いを言い合うことができます。

ちなみに、お勧めした日本画・浮世絵は、若い女が知識を求めているので、オッサンがウンチクをたれても嫌な顔をされない唯一の展覧会。たとえば国芳展に行く前に、「国芳って、以前、グーグルのCMで紹介された、江戸時代にスカイツリーの絵を描いた人だよ」とか「今パリの若者の間では、国芳の絵をタトゥーで入れるのが流《は》行《や》ってるんだ」とか言っても全然引かれないので、このジャンルだけは、予習を怠らないように。

美術展は、映画と逆で会期の後の方ほど混むので、始まったばかりの頃に行くのが鉄則です。美術館に入ったら、**最初の10分は、絵なんか見ている場合ではありません。**彼女を観察して絵を見るペースを摑《つか》んでください。彼女の歩くスピードは、関心の深さによって大きく違ってきます。彼女のペースを摑んだら、それに合わせて彼女のやや前方を歩き、ときどき彼女の視界に入るよう心がけてください。美術館デートでは、黙って絵を見る自分の横顔を彼女に見せることが重要だからです。（172〜173ページイラスト参照）

また、日本画は、筆の運びを鑑賞するものなので、ただ遠くから見ているだけでなく、ときどき近づいて、感に堪えないという表情で指で筆の動きを再現したりする

美術館での男の振る舞い方　その②

後ろから来ている女が、前の絵の
前で止まっているのに気づいたら…

一旦、後ろに下がって彼女の
視界から姿を消し…

彼女が、あなたがいないのに
気づいてキョロキョロし始めたら…

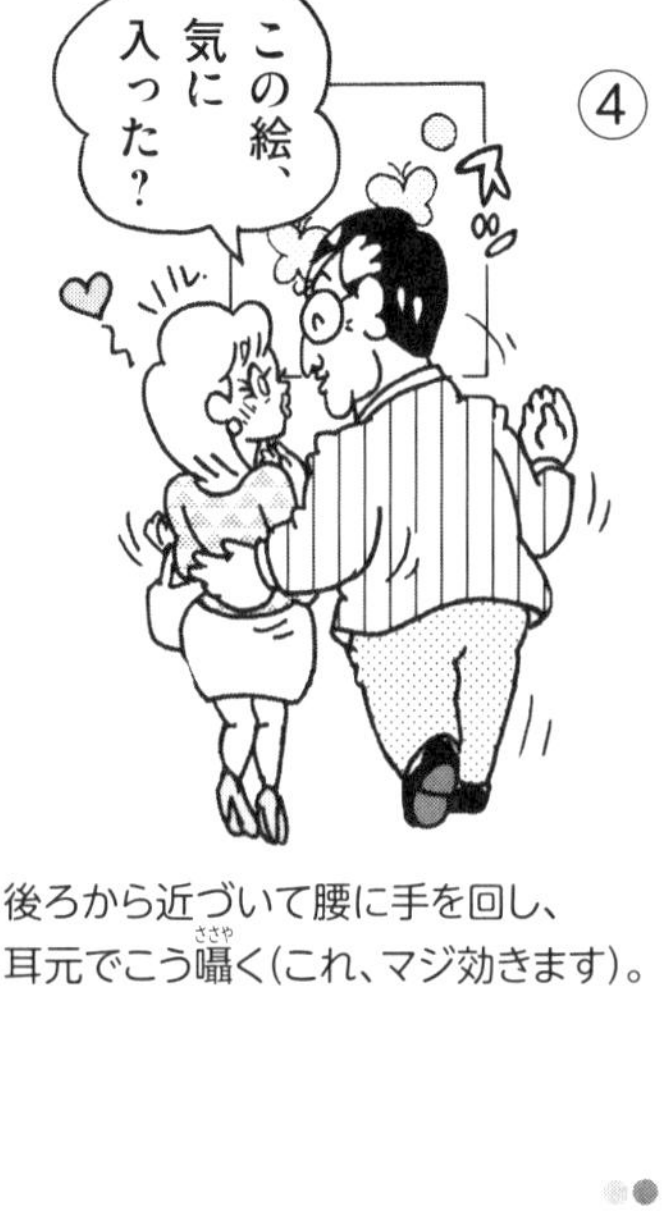

後ろから近づいて腰に手を回し、
耳元でこう囁《ささや》く（これ、マジ効きます）。

と、通《つう》らしい雰囲気が出ます。美術館にいる間に、一度は彼女の手や腰にさりげなく触れることもお忘れなく(右ページイラスト参照)。

大人のデートにお勧めの美術館は、都内でいえば、①恵比寿の「東京都写真美術館」(暗くて空いています)、②丸の内の「三菱一号館美術館」(建物が渋い上、周辺は抜群の散歩コースです)、③青山の「根津《ねづ》美術館」(庭のカフェだけでも行く価値あり)——ここら辺を回り尽くしたら、次は足を伸ばして、箱根の「岡田美術館」か熱海の「MOA《エムオーエー》美術館」(171ページイラスト)まで遠出しましょう。どちらも美術館デートにはうってつけな上、1泊コース。美術鑑賞の後はピカソかルノワール並みにやりまくってください。

オッサンがモテるための 48の秘訣

⑯ 美術展に行くなら、まずは浮世絵。

⑰ 美術館に入ったらすぐ相手の歩くペースを掴む。最初の10分は絵なんか見ている場合ではない。

⑱ 重要なのは、黙って絵を見る自分の横顔を彼女に見せること。

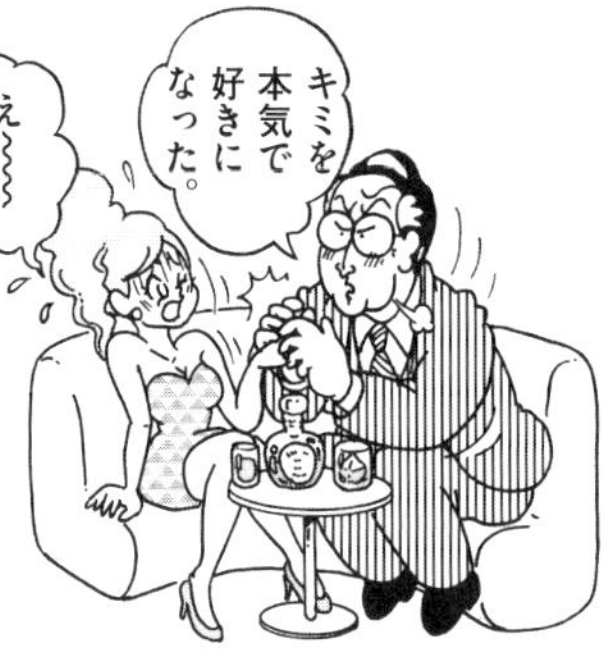
キミを本気で好きになった。
え～～～

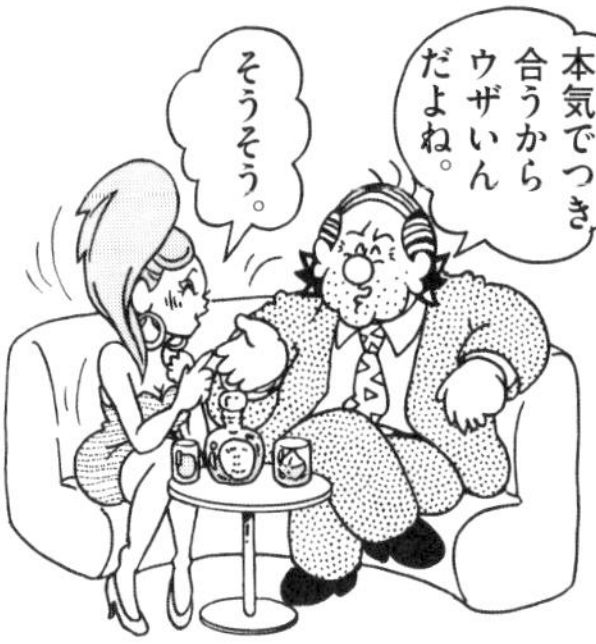
本気でつき合うからウザいんだよね。
そうそう。

第17章

キャバクラでモテる

キャバ嬢にどんなに「やらせて」攻勢をかけても…
1回やらせて！

最後にこう付け加えて、女性のプライドを尊重することが重要。
でも最終的にやるかやらないかを決めるのはキミだから。
ポッ

ご同輩。最近の若者って、我々と何かが違うと思いません？　一番の違いは、トライ&エラーをしなくなったこと。何せ今どきの若者は、面倒臭いことが大嫌い。手っとり早く正解を求めたがります。でも、それではナンパなどできっこありません。日本の出生率が低下したのは、若者がトライ&エラーをしなくなったからです。

人生でモノにできる女の総数を数式で表すなら、**女の数＝試行回数×成功率。**　エッチする人数を増やそうと思ったら、成功率を上げるのもひとつの方法ですが、それより手っとり早いのが、エラーを覚悟でトライの回数を増やすこと。今回は、誰でも簡単にトライ回数を増やせる不倫のぶつかり稽古《けいこ》の場、キャバクラについてお話ししましょう。

キャバクラは一時、パニックに襲われていました。それは数年前から、税務署に提出する支払調書に、従業員のマイナンバーを記載しなければならなくなったから。そうなるとキャバ嬢は、所得が白日のもとにさらされ、翌春には確定申告をしなければならず、昼の勤め先に副業がバレちゃうわ、親の扶養からはずれちゃうわ（扶養からはずれると、親の税金が高くなり、健康保険料も自己負担になってしまいます）、色々まずいことが起きたからです。もしもあなたが税理士なら、キャバクラに行けばモテモテ。そうでなくても**「住民税の徴収方法を『自分で納付』にすれば、会社にはバレないよ」**（本当です）くらい言えれば、税の専門家として崇《あが》めてもらえます。

キャバクラ・アフターの秘訣《ひけつ》

①約束しても5割は来ないと心得よ。

②待ち合わせの場所からタクシーを拾うまでの移動は最短に。(グダつきがないことが重要)

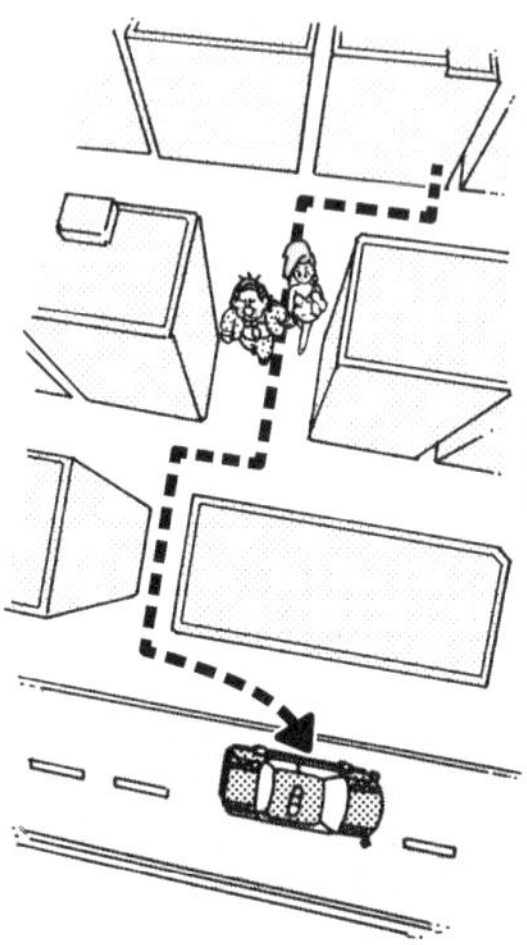

キャバクラでは、隣に座る女のコが15~20分ごとに入れ替わります。が、それは男が女を選ぶためではありません。女の顔に対する男の好みなんて知れたもので、桐谷美玲《きりたにみれい》や佐々木希《ささきのぞみ》の顔は誰もが好きですが、女は男のツボが人によって大きく異なり、横浜流星《よこはまりゅうせい》は苦手だけど出川哲朗《でがわてつろう》はツボ、なんていう女がザラにいます。ですから、6~7人も入れ替わればたいていひとり、あなたの顔がそこそこツボだというコがやって来ます。そういうコにあなたが

③外食はダイヤモンドダイニング系列でも大丈夫。(デフレになってよかったですね)

④女の家までのタクシー代を多めに渡すこと。

ここまでやれば、次回は確実にエッチだ!!

選んでもらうのです。

そもそも、キャバクラは客が女に喜ばせてもらう場ではありません。**女を喜ばせる練習をする場です。**ですから、あなたの顔をツボだという娘に出会ったら、とにかく彼女を喜ばせてください。手相を見る、千円札でシャツを折る、おしぼりでペニスを作る――彼女のウケを狙《ねら》う方法はいくつもあります。

夜の世界では、**「一番モテる客は明るいスケベ」**という定説があります。キャバ嬢を喜ばせて、エッチまでする気にさせるなら、「明るいスケベ」になるのが一番。たとえば、キャバ嬢はかなりの高確率でパンツの色をネイルの色と同じにしているので、キャバ嬢に「今日のパンツの色、当ててみせよう」と宣言し、ネイルの色を言ってみてください。女は自分の心を読まれていると感じた男に弱いので、もしも的中したらふたりの心の距離がぐっと縮まりますし、はずれても、20分後にやって来る次のコにまたいえばいいだけのこと。3～4人試せば、必ず1回は当たります。

作家の中谷彰宏《なかたにあきひろ》はかつて、キャバ嬢の心理について「今日しようとしない人と、今日したい」と書きました。名文ですが、実際は逆です。キャバクラは、こっちが遊びなら向こうも遊び。客から「本気で好きになった」と言われたら、キャバ嬢はその男に拘束されそうな気がしてドン引きします。「好きだ」と言われるより「1回やりたい」、いや、「100回やりたい」と言われた方が、「じゃあ軽くやっちゃう?」と言う気になりやすいもの。明るいスケベがモテるというのは、そういうことです。

彼女に「みんなに言ってるんでしょ」といわれたら、『ノルウェイの森』の永沢《ながさわ》先輩の話をしてください。『ノルウェイの森』の主人公ワタナベの先輩の永沢サンは、ステキな彼女がいるのに女とやりまくっていて、理由を訊《き》かれると、「自分に能力があって、その能力を発揮できる場があって、お前は黙って通りすぎるかい？」と言い放ちます。あなたもキャバ嬢に**「ボクはピアニストなんだ。目の前に素晴らしいピアノがあったら、弾きたくなるのは当然だろ」**と、村上春樹的なことを言ってください。「１００回やらせて」の後の村上春樹です。知性のギャップに、彼女がクラッと来ること請け合いです。

ところで、リーマンショック後に急速に普及したガールズ・バーという業態があります。キャバクラは風営法下で「1号営業」（＝接待のある店）に当たるため、営業は基本午前0時までですが、ガールズ・バーは、女がカウンター越しにしゃべる

ガールズ・バーとはこんなところ

彼女たちの口癖。
私はキャバ嬢じゃないんだから。
オッサンの相手をしてやってるという歴然と見下した表情。
勘定は安いので客はダラダラ長時間飲める。(2時間いて1万円がいいところ)
遅番は、長時間立ちっ放しなので脚が太くなっている。(狙《ねら》いは早番!)
遅番にはやたら酒の強い女がシフトされてる。

だけなので「1号営業」には当たらず、営業は朝5時までOKで、料金もキャバクラの半分以下。なぜ安いかというと、キャバクラは、店がキャバ嬢のメイクやドレス、毎晩、彼女たちを車で家まで送る費用を負担しますが、ガールズ・バーは、メイクはバイトの子の自由、帰りも、早番は終電、遅番は始発電車なので、コストが違うからです。

ガールズ・バーは、勤めが親バレしても「バーでバイトしてる」で通すことができるので、キャバ嬢よりいい家の娘を雇いやすい傾向にあります。

しかも、同伴や指名のノルマもないため、女の子たちが高飛車なのが特徴。が、逆に、客に媚《こ》びる変な明るさもないので、明るいスケベになりきれない方には、こちらの方がお勧めといえるかもしれません。

最後に注意をひとつ。キャバクラもガールズ・バーも**3回通ってできなかったら、店を替えてください。**カモにされるだけですから。

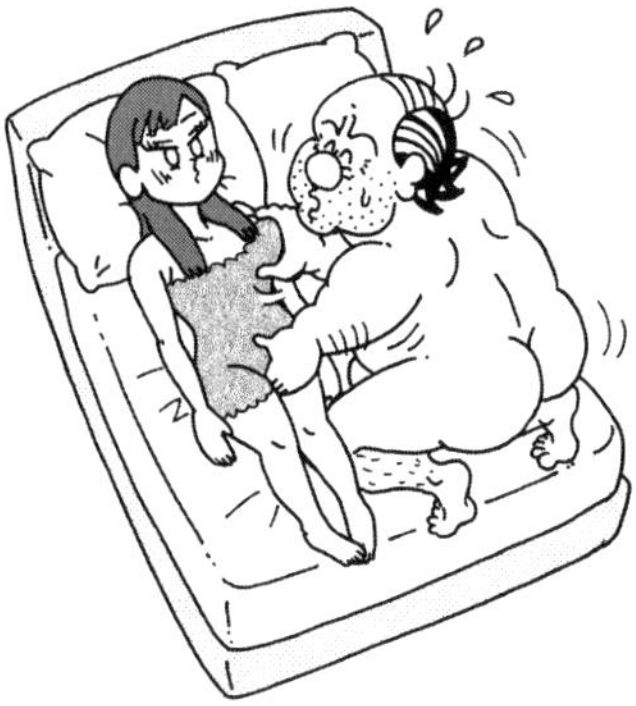
デリヘル

ソープ

第18章　デリヘルでモテる

前章は、不倫の稽古場《けいこば》、キャバクラについてお話ししましたが、今回は話を一歩前に進めて、エッチの道場、デリヘルのお話をいたしましょう。

「デリヘル」とは、1999年の風営法改正で、当時流行していた性感ヘルスやファッション・マッサージ等のいわゆる「箱《はこ》ヘル」が違法となり、代わって認められた、客の電話を事務所で受け、指定された場所に女性を車で派遣する風俗の新業態。たかだか20年の歴史しかないので、50代の読者の中には利用したことがない方も多いのではないでしょうか。

この20年で、日本の風俗は大きく変わりました。プロの風俗嬢を相手にできる遊び慣れた大人の客がめっきり減り、客が全員、素人《しろうと》志向になったのです。そのため、プロ意識の高い風俗嬢のいるソープは、まるで流行《はや》らなくなってしまいました。

その点、デリヘルで働く娘は、**ビックリするほど普通のコが多い**のが特

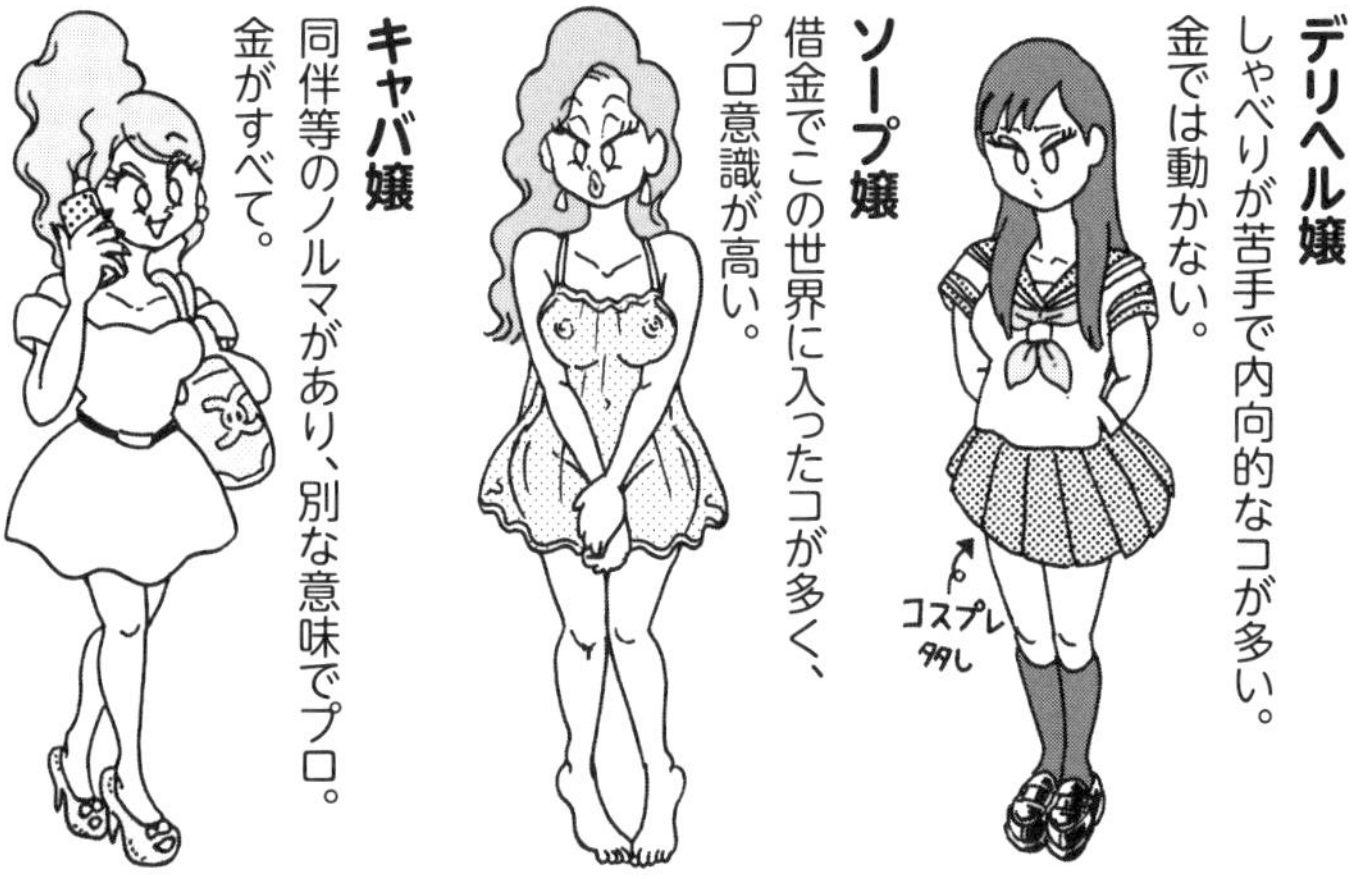
デリヘル嬢
しゃべりが苦手で内向的なコが多い。金では動かない。
コスプレ
ソープ嬢
借金でこの世界に入ったコが多く、プロ意識が高い。
キャバ嬢
同伴等のノルマがあり、別な意味でプロ。金がすべて。

【3者の共通点】

プロフィール上の年齢は入店時のもので、18歳で入店すればずっと18歳。
25歳と書いてあるってことは、間違いなく20代後半だし、ヘタをしたら30歳!

微。出勤はたかだか週2日で、1回の出勤時間も4～5時間。店に対する忠誠心はゼロで、客が「また指名するよ」と言っても、翌月には辞めてしまっているケースがほとんど。そのため、客とデリヘル嬢はいつも一期一会で、業界未経験者の新人と出会う可能性も高く、客もまた常にそういう素人を求めています。

ちなみに、デリヘルは、新人をメルマガで紹介する際、よく、「かわいい新人、入りました」と書きますが、そう書かれた女は100%、ほかのデリヘルから移って来た業界経験者。なぜなら、本当の風俗処女なら、「**完全業界未経験**の新人が入りました」と書かれるはずだからです。「完全業界未経験」の7文字は、デリヘル界で最も重要な単語なので、覚えておいてください。

デリヘル嬢が部屋に来たら

①シャワーに一緒に入って、彼女が持参した殺菌ソープでアソコを洗う。

ソープとデリヘルのもうひとつの違いは、ソープはエッチが100％OKですが、デリヘルはエッチ厳禁だということ。許されるのは、ディープ・キス➡アソコをいじる➡フェラチオしてもらう、まで。OK範囲は女のコによって異なり、そのコのOK範囲は店のホームページに笑っちゃうくらい詳しく出ています。

②イソジンでうがい。

③新人は以上の手順を先輩から教わってくるだけなので、そこから先はお互いドキドキ。

そもそもデリヘル嬢には「客を喜ばせる」という思想がまったくなく、**ソープは、客は横になっているだけですが、デリヘルは、女が横になっているだけ。**たとえフェラチオをしてもらっても、ソープ嬢はチュパチュパと音をたてていやらしくしますが、デリヘル嬢は音をたててフェラチオをすると客にダダ引きされるので、音はたてません。

建前上はエッチ厳禁ですが、何せ客とデリヘル嬢は自由恋愛なので、客の中には「アソコに当ててもいい？当てるだけだから」とか「痛かったらすぐやめるから」などと言いながら、最後までやっちゃおうとする猛者《もさ》が大勢います。腕にもよりますが、このような方法でいわゆる**「タダマン」にこぎつけられる確率は約1割。**その1割を目指し、あの手この手で彼女に媚《こ》びるのが、デリヘルの醍醐味《だいごみ》といえるかもしれません。ただし、心得違いをすると新井浩文の二の舞いになりかねませんので、ご注意を。

たとえ合意だとしても、エッチをしてしまうと、店が「違反行為をしましたよね」と言って示談金を要求してくるケースがあります。金を要求されても「じゃあ警察に行きましょう」と言い返せば、その店に出入り禁止になるだけで済む場合がほとんどなので、とりあえずそれで乗り切ってください。

そういう場合に備え、デリヘルを使うときは、本名を言ったり自宅に呼んだりは、絶対にしないもの。デリヘル嬢を呼ぶ場所は、基本、ラブホです。風俗を利用していない、不倫をしていないご同輩はご存じありますまいが、最近のラブホはどこも、「後から来ます」と言えば男ひとりでも入れてくれる上、デリヘル・ユースの客向けの、「休憩」より短い90〜100分の「ショートタイム」を設けています。

デリヘルのコツ

デリヘル嬢を呼ぶときはお菓子やドリンクを2種類買っておき、彼女に選んでもらうこと。わずかな投資でいい人と思われ、エッチできる可能性が増します。

好みがわからなかったから、2種類ずつ買っておいたよ。
cookie

「鉄板」は、ショコラティエが作った高級生チョコ。落としたいコには生チョコです。

うわっ！おいしい！

でも、まれにいるベテランのデリヘル嬢は、こんなことを言いやがるので、ガックリです。

今日はお菓子の食べ過ぎでお腹パンパン。

初めて利用する場合は、当日、電話で、まず**「夜10時に新宿で60分」**とか「90分」というふうに申し込みます（一度利用すれば、たいていの店で「会員」扱いになり、2日前から予約できるようになります）。料金は、都心では大筋、60分のプレイで1万8千円前後。ホテル代を入れてもソープの半額です。デリヘル嬢は、交通費さえ出せばどこでも呼べますが、新宿のデリヘルは新宿のラブホ、鶯谷《うぐいすだに》のデリヘルは鶯谷のラブホに呼ぶのが基本。予約したら、1時間前に確認の電話。さらに、ラブホに入って部屋番号が決まってから、最後の電話を入れると、約10分で女のコが部屋に到着します。

女のコは、ホームページで写真を見て「写真指名」するのが普通です。真っ当な店は、女のコの顔写真にボカシをかけていますが、その場合、どこの店も必ずホームページに載せている各デリヘル嬢の「写メ日記」に、顔を手で隠した本人写真が

載っていますので、それを自分の頭の中で合成して全体像を推理するのが、デリヘルのもうひとつの醍醐味と申せましょう。

また、ボカシをかけていない写真は、業界でいうところの「パネル・マジック」、略して**「パネマジ」で修正が施されています**。特に、上野・鶯谷に集中している韓国人女性専門のデリヘル、略して「韓デリ」のパネマジ技術はハンパじゃないので、ご注意ください。

データによれば、平均的なデリヘル嬢は50万円稼いだら辞めていくそうですが、だからといってオッサンが、「50万出すから、ボクとだけエッチしよう」と持ちかけると、「そんなにマジになられても～」と、必ず引かれてしまいます。デリヘル嬢は素人なので、オッサンに金で囲われるような気概はまったく持ち合わせていないからです。**デリヘルは一夜の夢、**という基本を、くれぐれもお忘れなく。

第19章 デートクラブでモテる

2015年7月、「週刊文春」が、我々オッサンを奮い立たせてくれる画期的なニュースを報じました。同誌の記事によれば、NHKの北海道の某地方局の女子アナが全国展開しているデートクラブに登録し、4人の男性とデートを重ねていた、というのです。その記事を信じるなら、**デートクラブには女子アナ・クラスの女がいる**、ということになります。利用しない手はありません。

そもそもデートクラブとは、男子有料、女子無料の男女交際仲介業。報道された女子アナは「お見合いサイトのつもりで登録した」と弁解したそうですが、実際にはそんなつもりで入会する女はひとりもおらず、基本、男女とも目的は**割り切った身体のおつき合い**。女はほとんどが金目当ての愛人志望で、男はほとんどが40代以上の既婚者。「奥さんいたの？　ありえな～い」などという女は絶対にデートクラブには入会しません。

この種のクラブは１９７０年代からありましたが、東京ではバブル崩壊後の１９９７年に「デートクラブ条例」が施行されて合法となり、特にアベノミクス以降、不動産や株で儲《もう》けた人が増えてからはニーズが急増。今、グーグルで「デートクラブ」を検索すれば、白金とか麻布とかいったハイソな地名を頭につけたデートクラブがザクザクひっかかります。

成就

男がデートクラブに入会するには、クラブ側の面談（危ない人かどうかを見極めるために必ず行われますが、この本の読者のあなた

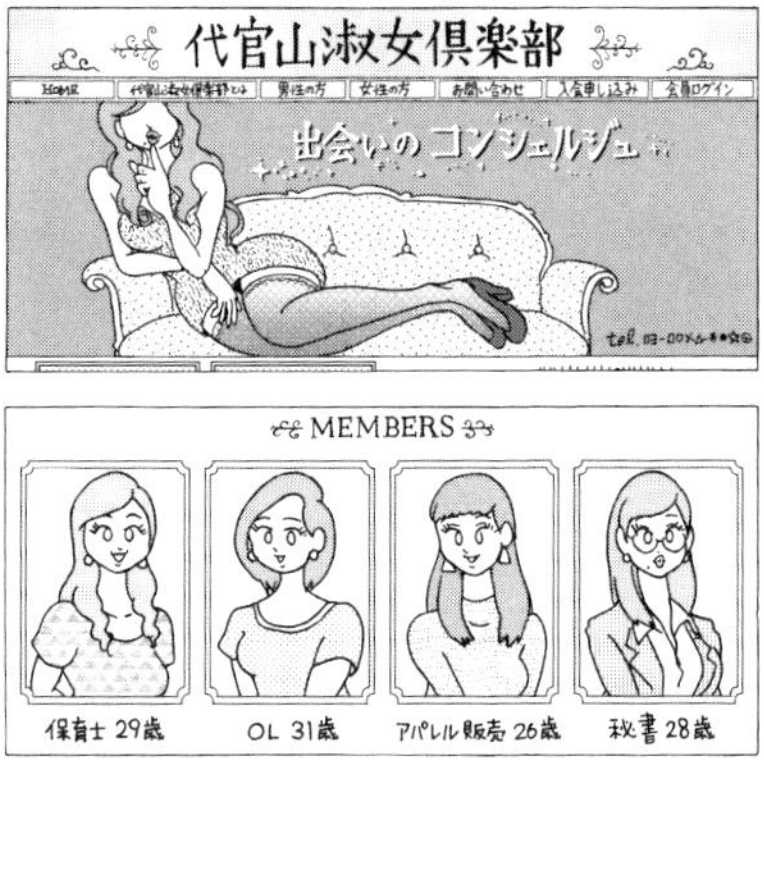
代官山淑女倶楽部
HOME
代官山淑女倶楽部とは
男性の方
女性の方
お問い合わせ
入会申し込み
会員ログイン
出会いのコンシェルジュ
MEMBERS
保育士 29歳
OL 31歳
アパレル販売 26歳
秘書 28歳

典型的なデートクラブのサイト。入会するとパスワードが与えられ、それを入力すると女性の顔を見ることができます。女性の写真は新入会員ほど上に来ており、20代後半は必ず2〜3歳サバを読んでいます。

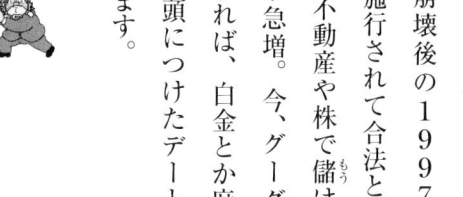

ならまず落とされないでしょう）を受けた上で、3万～10万円の入会金と3万円程度の年会費を払い、さらに、ひとり女性を紹介してもらうたびに2万円前後の紹介料を払わなければなりません。

以上の手続きを済ませるとパスワードが与えられ、サイトで女性会員の顔が見られるようになり、希望の女性と日時・待ち合わせ場所をクラブに知らせると、クラブが女性と連絡をとり、当日、指定した場所で男が待っていると、女性から携帯に電話がかかってくる仕組み。一度

白金ビーナスクラブは、レベルが高いですね。
私は代官山淑女倶楽部の者ですけど。
君、代官山淑女倶楽部じゃないの？
私は銀座ソサエティです。
待ち合わせが入り乱れる。
白金ビーナスクラブの鈴木さ〜ん！
ガタ
ここです。
高輪交際クラブの佐藤さんいますか〜
は〜い。
本当

デートしたら、そこから先はクラブ側は一切関知せず、本人同士の自由恋愛（っていうか愛人関係）になります。

ご同輩の最大の関心事は「その日のうちにエッチできるの？　できないの？」という点でしょうが、これはズバリ、**8割以上の確率でできます**。するかしないかは、建前上女性次第で、まれに女が「この男、生理的にムリ」と思い、食事しただけで「帰る」と言い出す場合もあって、その場合、車代として1万円程度を払わなければなら

デートクラブの女性との待ち合わせが入り乱れるのは、お互い顔をよく知らないから。

従って、ホテルのロビーでそれっぽい女性を見つけたら、こんなふうに声をかけ、

ないのですが、そんなケースが頻出するとクラブの信用にかかわるので、どのクラブも完全に割り切れる女性しか会員にしていないというのが実情のようです。

エッチしたら、もう愛人ですから、**タダというわけにはいきません**。彼女にいくら払うかは、これも建前上女性次第ですが、たいていのクラブはこっそり「この娘は1回4万円です」と耳打ちしてくれますし、中には女性の会員番号の下1桁がそのコの1回の値段になっているわかりやすいクラブも

適当に話を合わせていれば、

ザイゼンさんですか？
はい私がザイゼンです。

デートクラブの女性のインターセプトが可能。

まず食事に行きましょう。
はい。
白金交際倶楽部の女のコ来ないなぁ。
実際に狙《ねら》ってやるヤツがいる。

本当

あります。
仮に1回4万円の子とつき合ったとしましょう。それ以外に食事代が1万円とラブホ代が1万円かかるとして、計6万円。1回のエッチ費用としてはかなりの出費ですが、吉原《よしわら》の入浴料3万、中で5万の計8万円の高級ソープに行くことを考えたら、それでも安上がりといえます。

女がデートクラブに入るキッカケの大半は、友だちの紹介で

す。女の会員は、友だちを引き込めばキックバックがもらえるので、同類の子を誘うケースが多く、上手《うま》く回っているクラブは女性の新入会員が後を絶ちません。

男の会員の大半は、そうした新入女性会員目当てで、サイト上で**新会員と表示された女のコにはデート希望が殺到**します。従って、もしもあなたが他人のおさがりでも気にしないというなら、サイトの深いところにいる女性を狙《ねら》った方が、いい女と出会える確率は高いはずです。

そもそも、風俗の女性は1日に何人もの男を相手にしなければならないのに対し、**デートクラブの女性の相手は最大でも1日ひとり**。従って、OLや女子大生など、普通のコが登録しているケースが多く（NHKの女子アナが登録していたくらいですからね）、そういう普通っぽいコとつき合えるのがデートクラブの醍醐味《だいごみ》だといわれます。

が、いくら普通といっても、冒頭に申し上げた通り、女性会員のほとんどは愛人志望。昔はいい「パパ」と出会うには、銀座で働くしかありませんでしたが、最近はデートクラブで手っとり早く金持ちのオッサンと出会うことができ、そういうオッサンは、自分だけの愛人にするために、彼女に昔の遊女の「身請け」のように、クラブから退会させちゃう者も少なくないと聞きます。女性の多くはそれ狙いの「プロ彼女」なわけですから、本当の意味での「普通のコ」はいない、というべきでしょう。

特にここ数年は、風俗店やAVプロダクションが稼ぎの悪い女をデートクラブに登録させるケースが増えており、そうなると、風俗とほとんど変わりがありません。ネットには、デートクラブの比較サイトがいくつかありますので、そこで、女性会員に風俗あがりがいないかどうか、評判をチェックしてください。

最後に重要な注意をひとつ。デートクラブの会員女性の多くは、**複数のクラブに登録しています**。本気で入れ込んでも、所詮《しょせん》あなたひとりの女ではありません。あくまで割り切ったおつき合いにとどめられることをお勧めします。

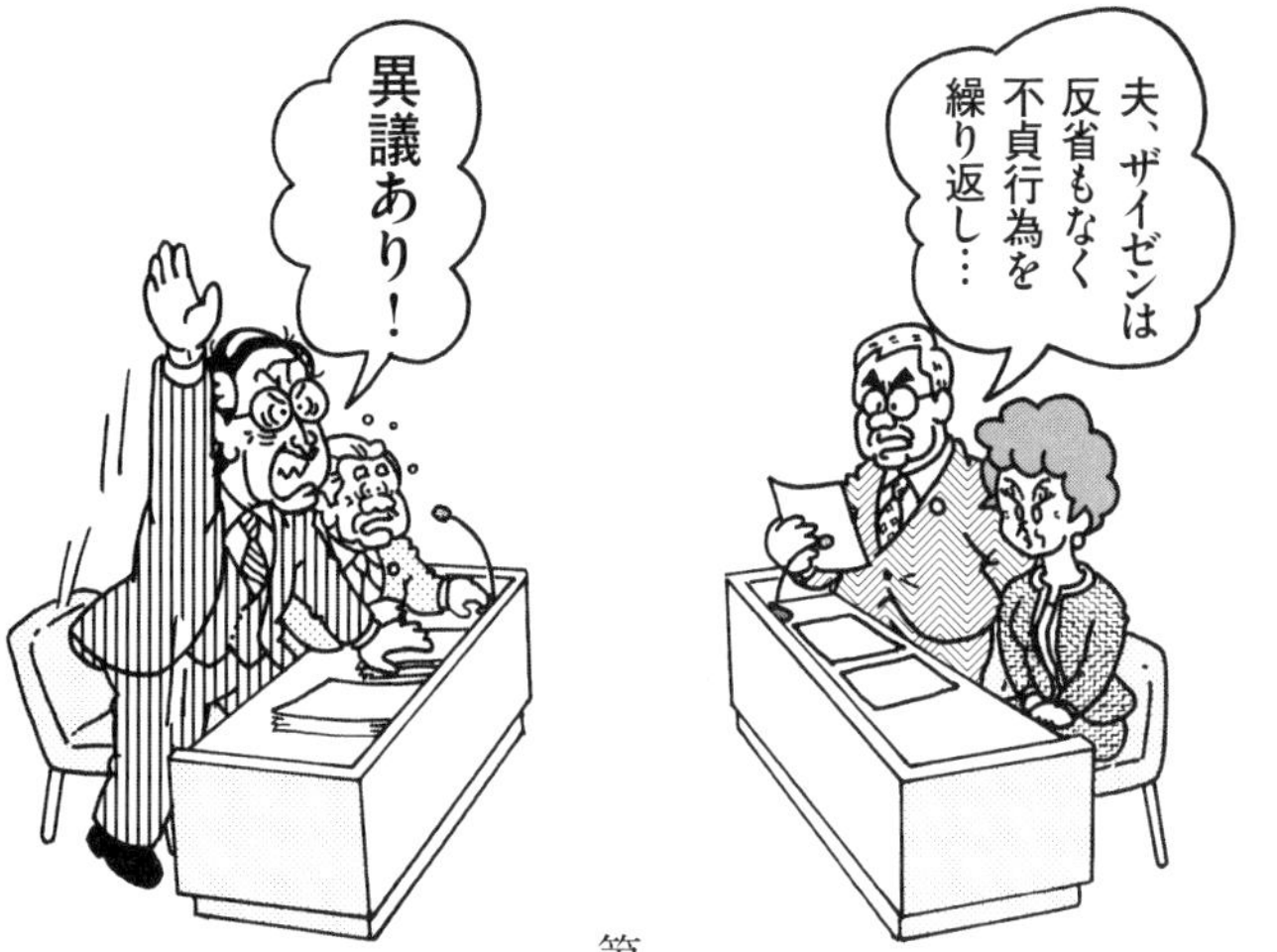
夫、ザイゼンは反省もなく不貞行為を繰り返し…
異議あり！

第20章 不倫がバレる

不倫のやり方のすべてをお教えする本書も、いよいよ最終章、最後までおつき合いいただき、ありがとうございます。

ちょっと思い出してみてください。ここ数年でいかに多くの有名人の不倫が明るみに出たことか。川谷絵音に始まり、宮崎謙介元議員、乙武洋匡《おとたけひろただ》、中村橋之助、渡辺謙、小室哲哉、東出昌大《ひがしでまさひろ》、鈴木杏樹とつづき、なんと佐々木希《ささきのぞみ》を妻に持つ渡部建まで！　これらの人の中には、うまく乗り切って元鞘《もとさや》に収まった人もいれば、離婚しちゃった人もいるわけで……　今回は、**不倫が妻にバレた場合**について考えてみましょう。

夫の不貞を知った妻は、激怒して子供を連れて実家に帰ってしまいますが、その80％は戻って来て元鞘に戻るもの（よく考えたら自分も身に覚えがあるからです）。が、それだけでは気が済まない強気な妻は、弁護士に頼んで、相手の女のもとに慰謝料を求める内容証明付きの手紙を送りつけちゃったりします。

愛人側は、表沙汰《おもてざた》になることを嫌うため、ほとんどの場合、要求通りの慰謝料（過去の事例からいって100万円が上限です）を払いますが、中には強気な愛人もいて、そういう愛人は自分も弁護士を立てて法廷で争おうとします。

ここでポイントとなるのが、確実な証拠の有無です。裁判はたとえ民事でも、疑わしきは罰せず、つまり、グレーは白、というのが鉄則。明確な証拠のあるなしで、愛人が妻に払う慰謝料も、後に述べる離婚する場合に夫が妻に払う慰謝料も、額が変わってきます。

今日、**不倫の証拠とし**

どうしても離婚したかったら、家を出て、
別居の既成事実を作ってしまうのが一番の近道。

①浮気の証拠で一番多いのが「LINE」とeメール。証拠能力が高いので、もしも彼女との「LINE」のやりとりを妻に見つかったとき、

て法廷で一番多く採用されているのは、携帯上の「LINE」やeメール（メールのやりとりは、こちらの弁護士が「これが出てきちゃったら終わりでしょう」と言うくらい決定的な証拠になります）、二番目に多いのがクレジットカードの明細書です。このふたつは妻にシッポをつかまれぬよう細心の注意を払ってください。袴田吉彦のようにアパホテルのメンバーズカードにポイントを貯めるなんて、論外です。

②これをやられたら、**アウト**。
③何とか怒らせてこうさせたら**セーフ**。
文句あるかブ〜ス！
くやし〜っ！

妻がハッキリした証拠を握っていたら、愛人に勝ち目はありません。愛人が裁判所で「彼が妻とは別れるって言うからつき合ったんです」と主張しても、裁判長に「**ゲス男はみんなそう言います**」と諭されて終わりです。男が戸籍まで偽造して独身を装ったというのでもない限り、愛人は慰謝料の支払いを免れることはできません。ただし、六本木のキャバ嬢と1回寝たという場合はこの限りではありません。妻がキャバ嬢に慰謝料を請求しても、裁判長に「それが彼女の仕事です」と諭されて終わりです。

愛人が払う慰謝料は、代わりに夫が払

①浮気の証拠で2番目に多いのがカードの明細書。送り先を会社にしても安心は禁物。ウェブ上で送り先は簡単に変更できます。

4月3日に
パーク
ハイアットに
1泊だぁ？
〇×カード
ご利用明細書
パークハイアット

②ウェブ明細にする手もありますが、パスワードを盗まれ勝手に覗《のぞ》き見られた場合、たとえ不正アクセス禁止法違反でも、民事では証拠として認められる場合が多いようです。

カシャ。
〇×カード
ご利用明細
105,000 円
パークハイアット 75,000
13,000
4,200

うこともできます。道義的にはそうするのが当たり前のように思えますが、愛人の慰謝料を夫が肩代わりしたら、妻から見れば、タコが自分の足を食べたのと同じこと。そんなことをしたら妻は「あんた、まだあの女の肩を持つ気？」と言い出し、話はさらにややこしくなります。

不倫

もしも妻に不倫した夫を許す気がなければ、離婚訴訟が始まります。

実は、日本では、不倫夫と離婚する妻が受け取れる慰謝料は、愛人からとれる

③絶対証拠を残したくなかったら、何といってもこれが一番です。

慰謝料同様、たいした金額ではありません。その額は、結婚期間が長ければ長いほど高くなりますが、結婚20年でも上限は500万円程度。これが海外セレブなら何十億ドルととれるところですが、日本では、どんな資産家の離婚でも慰謝料が1千万円に達するケースはまずありません。

もうひとつ、離婚で妻が受け取れるのが財産分与です。分与は別居した時点で保有していた資産が対象になります。が、あくまで夫婦で稼いだ資産であって、**親の遺産は別**。従って、金持ちの息子と結婚した女が夫の不倫で離婚しても、たいした額はもらえないことになります。

子供がいた場合、妻は養育費も受けとることができます。その額は夫の収入によって変わり、たとえば年収1千万円の元旦那から受け取れる養育費は、子供が0～14歳の間は月10万円、その後20歳まで15万円といったあたりが相場です。

こうしてみると、いずれにせよ**日本女性は離婚してもたいした額はもらえない**ことがわかりますよね。妻は離婚せずに夫が死ぬのを待てば、親から相続した分も含め、全財産を自分のものにできるわけですから、もしもあなたが離婚したくないというのであれば、離婚した場合に妻が受け取れる金額をボードに書いて見せ、いかに離婚が見合わないかをプレゼンテーションするといいでしょう。

え、何？　オレは別れたいんだ、ですって？

残念ながら日本では、**不倫した側が別れたいと言い出しても、離婚請求は認められません**。もしも認められるとしたら、①夫婦に未成熟子がいない。②離婚しても奥さんは生活できる。③別居期間が長い――この3つの条件が成り立って初めて。不倫男のあなたがどうしても妻と別れたいというなら、とにかく別居するしかありません。別居期間は普通4～5年が必要ですが、裁判官の間には「別居しちゃったら、もう無理」という共通認識があり、中には「別居期間はまだ短いけど、愛情がないなら別れたらどうですか？」と勧めてくれる裁判官もいます。従って、細かいことは抜きにして、**夜逃げでも何でもして一刻も早く別居**。これが離婚への近道です。

離婚を担当する弁護士は口を揃《そろ》えて、「浮気男にとって、日本は天国」といいます。日本は、昔から首相はたいてい不倫をしていたので（伊藤博文も吉田茂も田中角栄も愛人がいました）、政治家が妻に有利な法律を作るのをためらったからでしょう。こんな不公平な法律がいつまでも許されるはずはありません。数年のうちに妻の立場は必ず強くなるはずです。そうなる前に、ジャンジャン不倫しようではありませんか。ねえ、ご同輩。

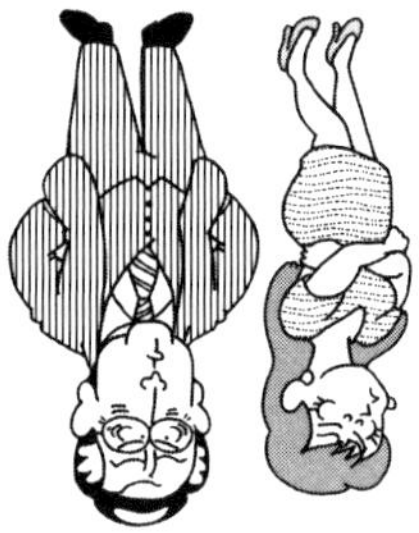

人生は、ディズニーかシナトラか（あとがきに代えて）

銀座のバーでいい女とカクテルを飲みながら「人間で大切なのは、たったひとりの異性を愛し抜くことだ」とか「恋愛は打算じゃない」とかいった話を大マジメにしたら、言っていることは正しいが、あまりカッコいい感じはしない。

たとえば、トラッドなファッションには、シャツはボタン・ダウン、パンツはノータックのグレー・フラノで、裾は4センチ幅ダブル、靴は「ローファー」、とかいった厳格なルールが存在する。10代のうちは、そうしたルール通りに着ていても問題もないが、20代になるとルール通りでは面白くなくなる。そこで、ちょっとだけ基本をはずし、パンツをデニムにして裾をロール・アップさせたり、靴をデッキシューズにしたりして、自分の個性を出してみる——それがお洒落《しゃれ》というものだ。

歌にたとえてもいい。正確に音符通りに歌われる歌は耳に心地いいが、それだけでは面白くない。自分なりにちょっと崩し、リズムをはずしたり、アドリブを入れたり——それがジャズ・ボーカルだ。正確なだけの歌唱より、そっちの方がずっとお洒落だ。

そこで話は冒頭の銀座のバーの会話に戻る。「人間で大切なのは、ひとりの異性を愛し抜くことだ」とか「恋愛は打算ではない」とかいうのは、「1足す1は2」というのと同じくらい明白な人生の基本だ。そういう基本は、中学生、高校生のうちに、本を読んだり、先輩から話を聞いたりして身につけ、そこから後は基本をちょいと崩す。昔は、それが大人になる、ということだった。バーのカウンターで、いい歳をした大人が「1足す1は2だ」なんて基本の話をしても恥ずかしいだけだから、昔の大人はわざと「恋愛に大切なのはかけひきだよ」とか「クリスマスイブに女のコをダブルブッキングしちゃってさ」とかいった、基本をはずした話をしていたのだ。

だが、今は、ルールを崩す以前に、まず、ルールから語らなければならない時代である。恋のルールは検索しても出てこない。いい歳なのにルールを身につけていないヤツが多過ぎる。だから今どきのラブソングは、ルールを知らない人向けに書かれた、恥ずかしいほど一途で純粋な歌ばかりだ。

私事で恐縮だが、ボクは人生の基本をウォルト・ディズニーから学んだ。絶対に人を差別をしてはならないこと。心に願った夢は必ずかなうこと。負けるとわかっていても戦わなければならない戦いがあること。思い慕ったお姫様を一生愛しつづけること—そういったことを、ボクは10代までにディズニーの作品から学んだ。

20代になると、今度は基本をマスターした上で、崩すことの格好よさを、フランク・シナトラから学んだ。ピン・ホール・シャツのピンのはずし方は、『Come swing with me!』のジャケット写真から学んだし、高飛車なモデルの口説き方は『ナイスガイ・ニューヨーク』という映画から学んだ。

シナトラは『七人の愚連隊』というミュージカルで、こう歌っている。

「帽子は、傾けてかぶってこそ、帽子」

そしてこうも言っている。

「その傾け方が、君のスタイルだ」

ディズニーもシナトラも、どちらもボクにとっては大切な人生の師匠である。どちらか一方が欠けていたら、人生はひどくつまらないものになっていたに違いない。

ディズニーは1925年に結婚してから亡くなるまで41年間、浮気をせず、妻リリアンを愛し抜いた。シナトラは、1950年、35歳のとき、妻子ある身で女優のエヴァ・ガードナーと不倫して、一度は映画界からもレコード界からも干され、そこから復活して大スターの座にのぼりつめた。どちらも、人生だ。

本書は、ビッグコミック本誌に連載された同名コラムをまとめたものである。各章の執筆に当たっては、それぞれの分野の、専門家の方々に取材させていただいた。こんな不謹慎な連載のインタビューに長時間つき合ってくださった方々に、この場を借りて心から御礼申し上げる。また、全章を通じて繰り返し行ったデプス・インタビューにご参加いただいた、のべ120人の女性の方々にも、あわせて厚く御礼申し上げる。みなさん、本当にありがとうございました。

夫に不倫を勧めるような本を書きやがってと、眉をひそめる奥様方も、中にはおいでだろう。だが、もしもご主人がこの本を読んだら、女性を褒めまくり、女性の話は一言漏らさず聞きとり、女性に尽くすことを身につけた、奥様にとってたいへん都合のいい男になるはずである。その点に免じてどうかご容赦いただきたい。

最後に、シナトラの言葉をもうひとつ。

〝Don't hide your scars, They make you who you are.〟

「傷跡は隠すな。その傷跡がキミをキミらしくする」

不倫の流儀

オッサンがモテるための48の秘訣

2020年7月15日　初版第1刷発行

著　　者　ホイチョイ・プロダクションズ
発 行 人　大村 信
発 行 所　株式会社　小学館
〒101-8001 東京都千代田区一ツ橋2-3-1
TEL 編集 (03)3230-5500
販売 (03)5281-3555
印 刷 所　凸版印刷株式会社
製 本 所　株式会社若林製本工場
装丁・デザイン　簑原圭介+Rocket Bomb
イラスト　伊尾仁志
制　　作　国分浩一　尾崎弘樹
宣　　伝　阿部慶輔
販　　売　佐々木俊典
責任編集　由田和人
担当編集　森岡正樹

 Printed in Japan　ISBN 978-4-09-388771-7